拔山举鼎 虚怀若谷

爆炸力学家郑哲敏的家国情怀

谈庆明 郁百杨 主编

中国科学技术大学出版社

图书在版编目(CIP)数据

拔山举鼎　虚怀若谷：爆炸力学家郑哲敏的家国情怀/谈庆明,郁百杨主编.—合肥:中国科学技术大学出版社,2021.6
ISBN 978-7-312-05212-5

Ⅰ.拔… Ⅱ.①谈… ②郁… Ⅲ.郑哲敏—传记 Ⅳ.K826.16

中国版本图书馆CIP数据核字(2021)第083605号

拔山举鼎　虚怀若谷:爆炸力学家郑哲敏的家国情怀
BASHAN-JUDING XUHUAI-RUOGU：BAOZHA LIXUE JIA ZHENG ZHEMIN DE JIAGUO QINGHUAI

出版	中国科学技术大学出版社
	安徽省合肥市金寨路96号,230026
	http://press.ustc.edu.cn
	https://zgkxjsdxcbs.tmall.com
印刷	安徽联众印刷有限公司
发行	中国科学技术大学出版社
经销	全国新华书店
开本	889 mm×1194 mm　1/12
印张	14
字数	175千
版次	2021年6月第1版
印次	2021年6月第1次印刷
定价	200.00元

本书编委会

主编　谈庆明　郁百杨

编委　周德进　李伟格　陈红娟　魏宇杰

　　　　盛宏至　金　和　陈允明

序

郑哲敏先生是我国著名力学家,中国科学院院士、中国工程院院士、美国工程院外籍院士,2012年度国家最高科学技术奖获得者,中国爆炸力学的奠基人和开拓者之一,中国力学学科建设与发展的组织者和领导者之一。郑先生自1955年回国后,一直在中国科学院力学研究所工作,历任弹性力学组组长、室主任、副所长、所长,非线性连续介质力学开放实验室主任,中国力学学会理事长,《力学学报》主编,中国科学院海洋工程科学技术研究中心主任,中国科学院技术科学部副主任等。

郑先生出生于山东省济南市,原籍浙江省鄞县。父亲郑章斐毕业于浙江省立第四中学,后迫于生计,16岁时只身来到上海,在亨得利钟表店当学徒。郑章斐先生聪颖好学,为人正直,自做学徒起就边干活边自学英语,其抱负和商业远见深得老板赏识,故19岁时即被提为经理,派往济南开办亨得利分号。1924年郑哲敏在山东济南出生,七八岁时,父亲郑章斐和他有过一次严肃的谈话,告诉他:尽管自己经商成功,但不希望子女今后从商,要郑哲敏好好读书,并坚守诚信、忠厚、严谨等做人的信条。

郑先生生长于中国饱受列强欺凌、军阀混战的年代,在流离颠沛中完成了小学到大学的学业。他目睹了科技落后给国家带来的灾难,立志科学救国。1946年,抗日战争胜利后,郑先生随西南联大工学院回到北京,在清华大学继续学业。当时,刚从美国加州理工学院著名力学大师冯·卡门教授的航空实验室回来的力学家钱伟长在清华大学开设力学课程,郑先生成了钱伟长力学第一班的学生。钱伟长的近代力学课包括弹性力学以及一些流体力学和其他现代力学知识,还包括火箭原理等。钱伟长先生的课深深地吸引了郑先生。在钱伟长先生的影响下,郑先生的研究方向转向力学。毕业后,他就留在清华大学,给钱伟长先生做了一年的"工程力学"课程的助教。钱伟长先生是郑先生学术上的启蒙老师。在此期间,郑先生也听了来清华大学讲学的钱学森先生的课。

1947年底至1948年初,经清华大学、北平(北京)地区、华北区和全国(华北区、华中区、华南区)等4级严格选拔,郑先生脱颖而出成为全国唯一的一名"国际扶轮社国际奖学金"获得者。因为钱伟长和钱学森两位先生是从美国加州理工学院学成回国的,郑先生就选择了这所培养了赵忠尧、周培源、郭永怀、林家翘等著名力学家的学校去深造。

1948年4月，郑先生获准入学美国加州理工学院，一年后获得硕士学位，随后在钱学森先生的指导下完成博士论文，1952年6月获得加州理工学院应用力学和数学博士学位。应用力学是他的主修专业，数学为辅修专业。完成学业后，郑先生迫切希望回到祖国参加新中国的建设，但受到美国当局的阻拦，甚至被关进监狱。郑先生被释放后被移民局勒令不得离境，护照被扣押了，变成了一个没有合法身份的人，但加州理工学院同意他继续留在系里教书，直至1955年2月，郑先生才获准离开美国，终于回到祖国。

郑先生回国后，在钱伟长先生建立的中国科学院数学研究所力学研究室工作。1955年10月，钱学森先生回到祖国，和钱伟长先生在数学研究所力学研究室的基础上创建了中国科学院力学研究所，郑先生参与了力学研究所的创建，成为力学研究所的首批主要科研骨干。1956年1月，国务院科学规划委员会组织全国各学科科学家制定第一个《十二年科学技术发展远景规划》，郑先生与朱兆祥、林鸿荪作为助手，在钱学森先生的指导下起草中国力学学科的规划。这个规划对新中国的力学发展有着极其重要的意义。《十二年科学技术发展远景规划》制定后，力学研究所提出了以上天、入地、下海、工农业生产为目标的科研方向。郑先生当时负责爆炸成型的研究课题，他带领一批年轻人，深入工厂，结合产品部件进行研制工作。1960年，力学研究所决定由郑先生领导爆炸效应和规律的研究，主要的应用目标是提供爆炸成型新工艺和爆破新技术。郑先生总结了前一段时间下厂实践的经验，运用科学分析的方法，把爆炸成型存在的问题提炼成三个互相联系的方面，相应地组建了载荷、材料性质和成形三个研究组。前面两个具有基础的性质，而后面一个涉及爆炸效应，具有较强的应用性。经过三年的研究，基本上弄清楚了爆炸成型的力学机制，阐明了毛料因接受水中冲击波的作用以及因空化区合拢形成的第二次加载而变形的原理，并提出了爆炸成型模型律。郑先生带领研究人员与研制、生产导弹的有关工厂建立了密切的协作，经过多次试验，终于成功地做出了合格的零部件。这项爆炸加工新技术得到了由国家经委、国家计委和国家科委联合颁发的全国新技术一等奖。钱学森先生认为一门新的力学分支已经形成，将其命名为"爆炸力学"。

郑先生开拓的爆炸力学学科和他的研究团队，对爆破技术、空中爆炸波、穿甲以至地下核爆炸等多方面都开展了研究，并取得了许多研究成果。郑先生开创的中国爆炸力学学科在复合材料、拆除和清淤这三个方面做的研究成果，为国家的国防科研和经济建设做出了重要的贡献。郑先生的科研生涯都是与国家迫切的需求密切相关的，除了国家安全、爆炸加工、爆炸处理海底淤泥外，他还在煤与瓦斯突出事故方面开展了深入的研究，做出了非常重要的理论贡献。

郑先生怀着科教兴国的信念,在孜孜不倦地投身于科学研究的同时,还致力于科研人才的培养。力学研究所建所初期,钱学森和郭永怀两位先生即从清华大学挑选了一批学生,在力学研究所办了力学研究班,郑先生参与了该研究班的教学工作。1958年,中国科学技术大学成立后,钱学森先生在他担任系主任的近代力学系设立了爆炸力学教研室,由郑先生担任首任教研室主任。数十年来,郑先生呕心沥血地培养了大批人才,其中的许多人已成为各单位的学术带头人和科研骨干。直至先生年近90高龄时,他依然在指导博士生。

力学是工程科学,是为产品设计服务的,是"幕后"的英雄,是做工程师干不了的,为解决实际工程问题服务,这就是工程科学的意义。郑先生的理论可以用于地下核爆炸当量的预报、爆炸波传播规律的研究,但不是生产核弹;他的理论可以用于爆炸加工,但是不是进行直接加工和设计,而是用于指导设计和为设计提供依据。作为一个工程科学家,他解决了工程中最为关键的问题。郑先生的力学人生燃尽了自己,点亮了别人。

十多年前,在力学研究所工作期间,我近距离感受了郑先生献身科学、思想深邃、高瞻远瞩、热爱祖国、关心社会、平易近人的大家风范。现在,郑先生的同事、学生和朋友编写此书,不仅是为了留下我们心中的记忆,更是为了传承郑先生的科学事业和科学精神,作为我们致敬先生、激励后学的永恒纪念。

2020年12月

目　　录

序 / i

第一篇　力的生成　/ 1

第二篇　力的积蓄　/ 53

第三篇　力的爆发　/ 77

第四篇　力的恒动　/ 123

后记　/ 157

第一篇

力的生成

1924年10月2日（农历九月初四），郑哲敏出生于山东省济南市，父亲郑章斐，母亲崔梅。

父亲郑章斐　　　　母亲崔梅

1899年，郑章斐出生于浙江省宁波市鄞县章水镇，念过几年私塾和小学，后来到了上海亨得利钟表店当学徒。因工作勤奋、为人诚信、做事精明，郑章斐深得老板的信任。1918年，亨得利钟表店扩展业务，派年仅19岁的郑章斐到济南筹设分店。郑章斐到济南后在当时的交通要道凤翔街口设立了济南亨得利钟表店，开张以后，由于其经营有方，没几年就开了4家分店，独占了济南的钟表市场。

童年家在济南商埠经二路父亲开的亨得利钟表眼镜店里；住在店后一间磨镜片车间的楼上，由一个露天的楼梯上去；家的另一部分在店的二楼，有的房间临街。

——郑哲敏

凤翔街口的亨得利钟表店

我似曾被送去上过天主教幼儿园,因为有个印象,站在一间西式大殿的长长的石台阶下面,抬头望去,上面有辉煌的灯光。

——郑哲敏

1928年，日本军国主义担心一个统一的中国过于强大，因而竭力阻止北伐战争。1928年5月，日本以保护侨民为名，派兵进驻济南、青岛及胶济铁路沿线，准备用武力阻止国民革命军的北伐。

5月1日，国民革命军克复济南后，日军于5月3日派兵侵入中国政府所设的山东交涉署，将交涉员蔡公时割去耳鼻，然后枪杀。随后，日军将交涉署职员全部杀害，在济南城内肆意焚掠屠杀，并进攻国民革命军驻地。17000余名中国民众被焚杀，2000余人受伤。

北伐军攻克济南和"五三惨案"在郑哲敏幼小的心灵中留下了深刻的印记。

日军占领济南

北伐军经过后大家都唱："打倒列强！打倒列强！除军阀！除军阀！国民革命成功！国民革命成功！国民革命成功！齐欢唱！齐欢唱！"这一情形他记得很牢，印象极深，所以终生未忘。虽然当时不大理解，但鸦片战争以来中华民族所受的耻辱和国家要翻身的奋斗目标，已经深深地印在他的心中。

日军轰炸后的济南城门

1928年5月3日，我还很小的时候，发生了著名的济南"五三惨案"，日本军队首先占领了商埠。爸爸带领全家逃向城里，中途还一度失散。听大哥告诉我，他亲眼看到一位同胞被枪杀倒地。记得逃到城里后，我们躲在一张床底下，上面压着厚厚的几层被子，希望能阻挡敌人炮弹的碎片。

——郑哲敏

有一天我来到街上,落在地上的许多子弹壳引起了我的兴趣,于是我弯腰准备去捡它们。可是有个持枪并上了刺刀的日本兵就站在我旁边,他突然举起枪向我冲来。

——郑哲敏

学徒出身的郑章斐对子女的教育极其重视,郑哲敏6岁时,就被送进当时教育质量优异的济南商埠小学就读。

有点淘气又喜欢在家搞点恶作剧的郑哲敏进入学校后,对学习并不在意,有时对老师上一堂课布置的作业毫无印象,考试时还交白卷。

8岁时,郑哲敏得了心脏病,医生说是由于缺乏维生素B引起的。他的心脏经常跳动过速,心跳每分钟120次以上,有时甚至达到200次;手脚发肿,肩膀也经常脱臼,有人说这孩子活不长了。喜欢运动的他因此再也不能参加学校的体育运动。刚好那时父亲郑章斐去上海办商务,于是决定把他带上,让他换换环境。

郑哲敏小学四年级证件照(10岁)

一年级的一次算术课上,一进门老师便要我背诵"九九歌",可是我从未听说过什么是"九九歌",这令我十分尴尬和下不了台。

——郑哲敏

我们到过吴淞口,参观那里的炮台,只是在一·二八事变之后,那里的炮台已经被毁,但仍然可以看出炮口大得足以让我的头伸进去。
——郑哲敏

由于郑哲敏父亲的兄弟姐妹较多,祖父没有能力供他读书,因此读完村里的小学后,父亲只好去当学徒自谋生计了,这也是父亲的终身遗憾。从上海回到济南后,父亲和郑哲敏进行了一次严肃的谈话。父亲认为,做生意没出息,被人看不起,有时还会受到霸道顾客的侮辱,父亲勉励郑哲敏一定要立志读书,以知识谋生。这次谈话决定了郑哲敏未来的发展方向。也正是在这种思想教育下,郑哲敏的兄弟姐妹全都走上了读书的道路。

我最喜爱的一堂课是五年级时自然课老师讲解飞机的升降和转向是如何通过操纵副翼、升降舵和方向舵完成的,因为个中的道理很贴近自己的经验。这个知识后来我用在纸叠的飞机上。

——郑哲敏

因为住在父亲的钟表店楼上,郑哲敏对钟表也产生了兴趣。他经常到店里的修理部去看师傅们拆装钟表和修理、更换零件。后来,他逐渐开始自己动手拆卸和安装钟表,先是钟,后来才是表。他就这样掌握了钟表工作的原理。

郑哲敏喜欢运动,还喜欢舞枪弄棒。1935年夏,济南商埠小学一个集体刀枪对打节目被选中在济南市夏季运动会上表演,郑哲敏持枪,他的同伴舞刀。练习时出了差错,同伴的刀砍在了他的脑门上,流了血。好在并不严重,他头上裹着纱布照常参加了运动会。

1936年暑假，我们全家登泰山，爬到中天门我觉得已经很高了，可是远远望去，在更高的地方还有南天门，简直像在天上一般，令人吃惊。登上南天门后我们在山顶住了一宿，第二天一早，穿着临时租来的大棉袄看日出，景色非常壮观。周围的群山都在脚下，黄河好像一条丝带绵延而过。

——郑哲敏

郑哲敏全家登泰山合影（1936年）

1936年，郑哲敏考入济南育英中学。育英中学成立于1913年，师资力量和教学理念在当时都是一流的。学校本着"教育救国"的宗旨和"坚苦勤劳"的精神，愿"得天下英才而教育之"，首任校长为孔子第75代孙孔祥柯。

> 1936年，我从小学毕业后选择了投考济南的育英中学，大概是因为哥哥在那里。这个学校在商埠甘石桥，离开家有段距离，不过我们都骑自行车，交通不成问题。入学考试没很大把握，所以去看发榜时心里很忐忑。那天是大姐企玉陪同我去的，在紧张地找了一阵之后，她终于发现我榜上有名，我提起来的心这才放下。应该说，这是我一生中唯一的一次缺乏信心的入学考试。
>
> ——郑哲敏

育英中学大门
（校名由著名教育家黄炎培于1923年题写）

我喜欢在下午课后留在教室里复习功课，在黑板上写写画画。三年级的时候，代数课上讲到了极限的概念，有一天我居然利用这个概念证明了圆球与球外一个质点间的引力等于把圆球质量集中在球心和那个球外质点之间的引力，这令我感到很兴奋和高兴。由此我得到一条经验：用自己的、不同于书本上的方法证明一些东西是检验是否真正学会的一个好方法。

——郑哲敏

　　我曾设想在轮船上打篮球来理解运动坐标，设想当想象中的一个小飞机在天平上飞过，天平会有什么反应，作用和反作用的原理如何体现，为此做了长时间的思考，现在看当时的答案是正确的。总之，通过自学英语和原版初等几何，我得到了十分宝贵的经验，终生受惠。

——郑哲敏

在这个学校我虽然只上了一年就离开了，但对我影响比较大的有两件事。头一件是代数课老师使我对代数有了浓厚的兴趣。那是位留着大胡子、比较年长的老师，他有个十分活泼的教学方式。譬如说，上课时他叫我们都站起来，命令我们向前、后、左、右转身，每转一次就复述一个代数恒等式，像是做游戏，在欢笑中把常用的公式记住了。另外，我发现用 x 代表未知数竟然使小学时一些困惑我们的四则问题变得如此简单，真是非常奇妙，为什么小学老师不这样教我们呢？第二件事是军训。学校的军训十分严格，动作要规范，要遵守时间，要有纪律，要经得起烈日下长时间的操练，要有集体精神，要听从命令。我们还一遍遍地高唱《义勇军进行曲》《大刀向敌人头上砍去》等革命歌曲。我当时心脏不太好，但也都经受过来了。这些对加深爱国主义思想、自觉锻炼身体、训练独立生活能力、养成健康和守纪律的生活习惯都起到了潜移默化的作用。

随着年龄的增长，我对国家大事开始有了感觉。九一八事变，一·二八事变，绥远的战事，日军不断骚扰华北、京津一带，建立伪政权等，令我感到不安，担心国家的前途。蔡廷锴、马占山等成为我心中的英雄。隐隐听说济南学校有学生在宿舍里半夜被捕，院西大街我们居住的青年钟表店门前，每周二、四、六都有一连串插着第五路军旗子的卡车，押着五花大绑的死刑犯开赴型场，这一切都使我感到恐惧和疑惑。我觉得国家应该统一，应该一致对外，又害怕自己被卷进去，一心想躲避。

——郑哲敏

1937年，刚刚放暑假，一个清凉的早上，全家正围坐在院子里吃早饭，有人送来了一封电报。爸爸打开一看得知祖父突犯重病。于是他当场决定带着大姐企玉、大哥维敏和我马上启程赶回家乡宁波，妈妈在家待命。那一天是七月初，卢沟桥事变尚未发生。就这样我离开了出生和养育我的济南，除1959年一次短暂的访问外，至今没有回去过了，这是件很令人遗憾的事。

——郑哲敏

因为祖父病重,郑哲敏随父亲回到了宁波老家。不久卢沟桥事变爆发,日寇侵占了大片的国土,郑哲敏只能休学在家。1938年春,已经到达成都的父亲来信,要郑哲敏和其大哥去成都继续完成学业。

战争时期,从宁波到成都的路途充满了危险和艰难。一路辗转到达武汉后,又几经反复才坐船到达重庆,再坐车抵达成都。一路上郑哲敏既目睹了被日寇轰炸的城市、乡村和流离失所的逃难百姓,又看到了人们高涨的抗日情绪。

武汉抗战献金

武汉数万人在音乐家冼星海的指挥下高唱《保卫大武汉》

在汉口可以直接感受到当时市民高涨的抗日热情,印象中有许多青年学生上街做抗日讲演,也看到有人在街头义卖,还有人号召市民募捐买战斗机打日本鬼子。

——郑哲敏

到成都后,郑哲敏插班进入了成都建国中学初二年级。但是因经常头痛而不得不休学。为了治疗郑哲敏的病,父亲花费了大量的时间和精力,且从未对他休学有任何责备。为让他把紧张的心情放松下来,每天一早父亲都带着郑哲敏去附近华西大学的草坪散步。还和郑哲敏去都江堰,向他讲解古人是如何智慧地建成这项2000余年一直造福于成都平原、使之成为天府之国的浩大工程的。

经过一年的治疗和调养,郑哲敏恢复了健康。在休学期间,父亲依然关注他的学业。他鼓励郑哲敏自学英语,说早上记忆力好,学外语最好而且应当大声朗读,这也成了郑哲敏的一个习惯,对他以后能较好地掌握外语及其发音起了很大的帮助。起初他只读一些英语初级教材,后来在一个旧书摊上看到有本不厚的原版欧几里德几何学,就买了下来,转而读原版平面几何学。开始确实相当吃力,生字只是其中一个难题,要搞懂每句话的意思,还必须了解句子的结构和各部分之间的关系。郑哲敏在学习几何的同时,也逐步掌握了英语的文法。自学英语和初等几何,培养了郑哲敏的自学能力,坚定了他自学的信心。后来他又以同样的方式开始自学物理,包括杠杆原理、牛顿力学三大定津、绝对坐标系和运动坐标系。

休学一年后,他考取了成都华阳县立中学,依然插班读初二。

爸爸有意培养我独立生活的能力。那时我同他和四叔住一个房间。每天清晨起床后都由我来打扫房间,扫地、擦桌椅板凳,逐渐养成了习惯。

他还教我如何缝补衣物,帮我掌握了缝袜底的技术。这些习惯的形成,一方面是父亲的言传身教,另一方面得益于阅读父亲给我买的"曾国藩家训"。大概也是这些原因,小时候老师所教的《大学》《论语》中的一些思想和成语,如"己所不欲,勿施于人""慎独""十目所视,十手所指""一日三思""非礼勿视,非礼勿听,非礼勿言,非礼勿动"以及不在背后议论人等,在我思想上深深地扎下了根,影响我一生的行动。

——郑哲敏

　　初到成都,我一直住在大光明钟表店的楼上。这个店位于春熙路和总府路的拐角处。斜对面总府路上有一个剧场,当时有个叫上海业余话剧团的在那里演出,演员里有不少著名的电影演员,如白杨、赵丹、金焰、韩兰根等,他们经常演出像曹禺、田汉等著名剧作家的作品。有现代剧,也有历史剧,都有强烈的宣传抗战和爱国主义思想。因地理之便,我常有机会观看他们的演出,也经常看到演员们走在街上。

——郑哲敏

抗战初期在成都有一些苏联志愿飞行员,他们喜欢购买一些瑞士名牌手表,因此时常到大光明来。有一天见到我对他们身上佩带的手枪感兴趣,同行的一位中国飞行员便拿出他的手枪并把它拆开了给我看。那一夜,因为觉得手枪,特别是它的扳机太简单了,睡觉时总是琢磨着自己怎样动手制造扳机,以致整夜没有睡好,可以说这是我生平的第一次"失眠"。

——郑哲敏

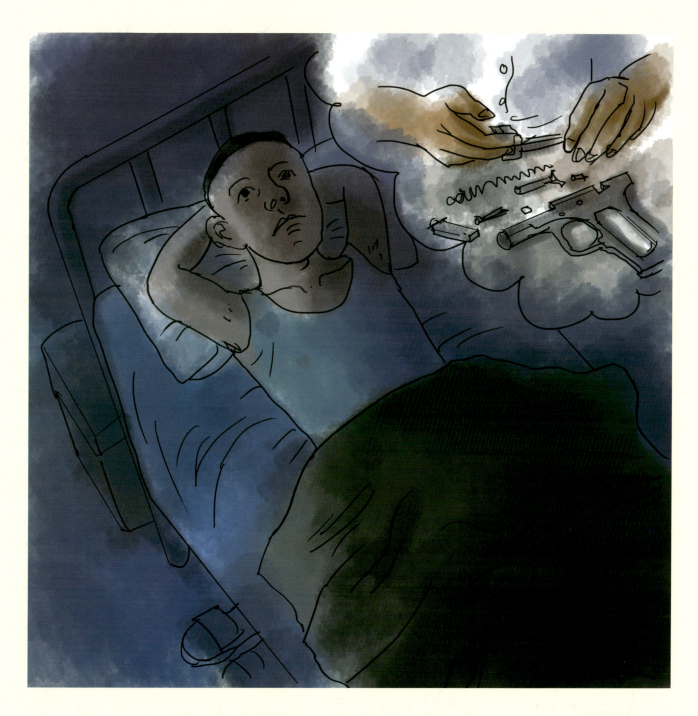

日军侵华时期成都遭到轰炸后的惨状

在成都就读期间，最令人难忘的是侵华日军飞机一次对成都市商业和居民区的狂轰乱炸。

那是6月的一个傍晚，当时我正在宿舍里，忽然听到成都方向传来隆隆的爆炸声，地面也在颤动，我被惊吓得竟一时拔不起腿来。我想可能是敌机来袭了，连忙奔上学校里的土墩，只见一批一批日军轰炸机低空在我头上飞过，天空中布满了红色曳光弹留下的痕迹，飞机的轰隆声和枪炮声震耳欲聋。这时天色已暗，远处成都方向火光冲天，一定是市区遭到了轰炸。第二天一大早我赶回城里，果然大片大片的繁华街区被炸，而且不少地方的房子仍旧在燃烧。我第一次看到烧焦人体的惨状，空气中弥漫着难闻的气味。我还看到了被击落的日机的残骸，上面有着"三井""三菱"这样的字。听说敌人扔下了大量的燃烧弹，成都许多商店和民房是由木材和竹子建造的，所以损失十分严重。至今每看到"三菱"这样的字眼，心中总有一种特殊的感觉。

——郑哲敏

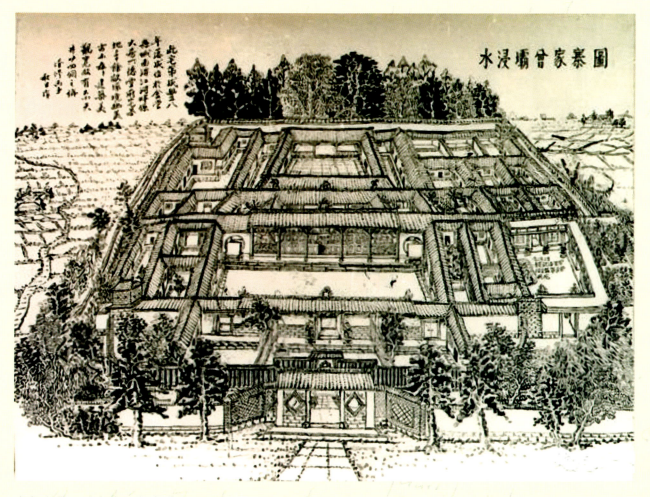

成都金堂县曾家寨铭贤中学平面图

开学后,学校的老师上课都很认真负责,各科都按部就班地进行。我仍同以往一样学习数理以及后来的化学。在学校规定的各科中文教材之外,我还各有一种英文版教材。

在铭贤中学学习的三年是我生命中关键的三年,是我德智体全面发展并走向成熟的三年,是我十分珍惜的三年。我永远感谢那里老师对我的教育和同学们对我的帮助。不过那里世外桃源式的生活使我远离了战争,脱离了社会,事实证明要补上这一课并非易事。

——郑哲敏

由孔祥熙于1907年创办的铭贤中学在山西颇有声望,学校创办初期,即不惜以高薪从省内外聘请好的教师。除英文课由美国教师教授外,其他各课多由适当的教师教授。为了与天津南开中学和北京师大附中相竞争,该校在高中就使用大学课本或让学生做大学一年级水平的习题,甚至选用英文原版教科书,对实验、实习等课的要求也比较高。

抗日战争爆发后,日本帝国主义大举进攻华北,直逼太原,山西危在旦夕,铭贤中学决定迁逃。几经转折,最后于1939年3月迁到成都西北金堂县南郊、离县城大约有4千米的姚家渡曾家寨。

铭贤中学从山西太谷迁到成都时,教师队伍也是随同学校迁逃的。因此,学校的师资力量保持完好,许多教师有长期和丰富的教学经验。学校还吸取了美国的一些教学经验,例如,班上没有固定座次,不同的课安排在不同的教室,学生们可以利用换教室的时间放松一下,等等。

在铭贤中学高中部,郑哲敏的学习成绩得到了快速提升。在众多的科目中,他更喜欢数理化和英语。

铭贤中学曾做过一个调查,让每个学生写出自己的志愿。郑哲敏填的一是飞行员,二是工程师。抗战初期,空军同日机作战,那些作战勇敢、战绩辉煌、壮烈牺牲的战斗机飞行员,是青少年学生心中的偶像。工程师则反映了一种比较实际的科学救国的思想,这同郑哲敏的家庭背景有一定的关系。

铭贤中学毕业班合影(1943年)
(二排左二:郑哲敏)

1943年,郑哲敏高中毕业后,考取了国立西南联合大学。

国立西南联合大学是抗日战争开始后高校内迁设于昆明的一所综合性大学。1937年11月,由北京大学、清华大学、南开大学在长沙组建的国立长沙临时大学在长沙开学。由于长沙连遭日机轰炸,1938年2月中旬,国立长沙临时大学西迁昆明。1938年4月,改称国立西南联合大学,简称"西南联大"。"内树学术自由之规模,外筑民主堡垒之称号",西南联大保存了抗战时期国内重要的科研力量,是青年学子们向往的学府。

其时校舍简陋,教室和宿舍大部分是泥墙草房,窗户就是几根木条,冬天就糊上纸挡风,教室没有门,有些教室甚至是用破木板和旧铁皮搭建的,条件异常艰苦。学校还经常遇到日军空袭,空袭警报响起时,老师和学生只能跑到学校旁边的农田和坟地里躲避。然而西南联大却集中了吴大猷、周培源、叶企孙、华罗庚、陈省身、吴有训、饶毓泰、赵忠尧、任之恭、赵九章、陈寅恪、梁思成、林徽因、朱自清、冯友兰、闻一多等当时中国最优秀的科学家、学者和教育家,培养出了郭永怀、朱光亚、钱伟长、林家翘、邓稼先、屠守锷、李政道、杨振宁等数百位著名科学家。

西南联大的校友中共有174人当选为"两院"院士,其中中国科学院院士163人、中国工程院院士13人。朱光亚、郑哲敏为双院士。

西南联合大学校门

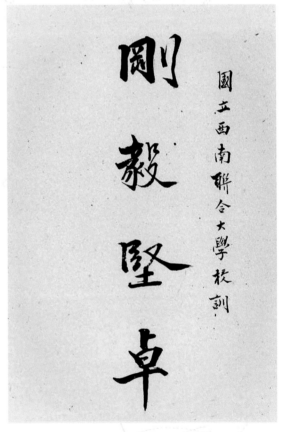

西南联合大学校训

高中毕业后,我的目标是考取西南联大,理由是那个学校的声誉好,再说比我高一年级的哥哥正在那里读电机系。至于考什么系,我没有过多地考虑。家庭和学校的影响使我选择工科,这似乎很自然,因为我们的家庭没有传统文化的传承,也缺乏自由探索的精神,学校教育也都强调学以致用,富国强民的爱国主义思想很早就在我们心中深深地埋下了种子。为什么我选择电机系,只是因为听说电机系最难;另一个原因是我哥在电机系,而他从小就是我学习的榜样。

——郑哲敏

西南联大的考场设在沙坪坝重庆大学内,考试时,突然刮起了大风并下了一场暴雨,连房顶上的瓦片也被风吹得飞了起来,于是考场的房顶开始漏雨,打湿了考卷,国文考试的监考不得不宣布暂时中止考试。我同几位考生在考场大门外的屋檐下躲雨。

突然我们头上一声霹雳,一个比篮球略大的紫红色火球蹦蹦跳跳地在我们眼前出现,每当它撞到地面或者其他东西的时候都会改变方向。后来我才知道这是雷电击穿空气形成的等离子球体,理论上有这个东西,但很少有人真正见过它。这次看到如此奇观,实在很幸运。

——郑哲敏

西南联合大学课堂

西南联合大学校舍

西南联大名教授很多，令人目不暇接。著名数学家华罗庚先生走路时两腿迈大步走大八字，手中的拐杖在空中划圈圈。上课时在讲台上从一头走到另一头，不时还把脑袋伸到门外张望一下。著名化学家曾昭抡衣衫褴褛，把脚上的布鞋当成拖鞋，后跟总是没拉上，破袜子露出了脚后跟，而他一点也不在乎。有一天逛旧书店遇到了大作家沈从文，他的穿着很像曾昭抡，身材也很瘦小。生物系的老师爱养花，系办公室前有个很漂亮的小花坛，点缀着农村式的校园。梅贻琦先生着装严肃，也很朴素，长衫外套一件马褂，头戴礼帽，外加一个手杖。跟在他后面走会发现一个特点，同许多人不一样，他走起路来从不抄短路，始终规规矩矩地按正规的道路走，给人以不苟同、事事按规矩办理的感觉。张奚若先生声音洪亮，留着小胡子，一口山东口音，批评起蒋介石来从不留情。学生们中流传着教授们的许多故事，他们各自都有自己的特色。

——郑哲敏

宿舍里灯光很弱,主要原因是电力不足,不过我找到了一个"窍门":使劲摇动灯泡使灯丝拉长,然后想方设法把它弄成短路,于是电阻减小,电流增加,灯泡就亮多了。

——郑哲敏

1944年上大二,我和哥哥维敏商量,兄弟俩应该学不同的专业,于是我转到机械工程系,改学机械工程。

机械系的静动力学、材料力学、机构学和内燃机课程都是在望苍楼楼下的教室里上的。前两门课的教师是白家祉,刘先洲讲授机构学,航空系的宁榥讲授内燃机。白老师上课认真,每周六早上照例都要考试。刘先生上课手执教鞭,对学生要求严格,讲课清晰而有条理。他讲的一件事让我印象深刻,一生未忘。有一次他要一位同学设计一个手轮,这个同学居然给出手轮的半径为 15 m。刘老师说作为一个工程师,不仅计算要正确,结果也必须是切实可行的。宁榥老师采用的是一本美国教材,内容十分简练,但对我们这些初学的学生来说太深了些。宁先生上课能激发学生的学习热情,但讲解得不够清楚,听课的绝大多数同学陷入云里雾中,这门课从而被称为"天书"。不过他的课激发了我的好奇心,促使我决定要认认真真下功夫去读这本书,一遍不行,再来一遍,直到读懂为止。其间,我还补充学习了热力学,特别是自由能和化学平衡等方面的知识。所以"天书"成了我的强项,使我进一步增强了自学的信心。因此我有这样的体会:最好的老师是能激发你学习热情的老师;老师领进门,学习在自己。

——郑哲敏

回顾在西南联大学习的三年，我有以下几点体会：

西南联大由北京大学、清华大学和南开大学组成，继承了三校的优良传统，如爱国主义、民主与科学，兼容并包，"所谓大学者，非为有大楼之谓也，有大师之谓也"，教授治校、教育独立于政治等精神，民族危机、艰苦的物质条件进一步发扬了这种精神。

众多著名教授和学者在学校里形成一种具有巨大感染力的力量，无论是直接听过他们的课的学生，或只是听过他们的报告的学生，还是根本没有接触过他们的学生，他们的成就、言行、治学精神、对真理的执着和无畏、对教育的认真负责，无形中都是学生们学习和追求的榜样，成为学生们的目标。

抗战前教授们享有较高的生活待遇，现在却生活艰苦，甚至衣衫褴褛或变卖家当度日，同学们非常理解、同情和尊重他们。他们为了教育事业，为了抗战，为了追求民主和自由，宁愿做出这些牺牲。

每年五四那一天，学校里有各种纪念活动，大家各抒己见，既体现了民主和自由的精神，又体现了理性、包容和尊重他人的精神。

西南联大之所以办得成绩斐然，我认为主要是有了上述人文精神。有了这种精神，给以时日，差的学校会变成好学校、杰出的学校。反过来说，缺乏这种精神，学校会越办越差。

当然，办好学校必须有好的教师。西南联大确实有许多著名的教授，虽不能说所有教师都很强，但重要的是，绝大多数都在认真教学。在这一点上，西南联大也是做到了的。

——郑哲敏

西南联大工学院运动会合影
(前排右二:郑哲敏)

郑哲敏和哥哥郑维敏

西南联合大学操场

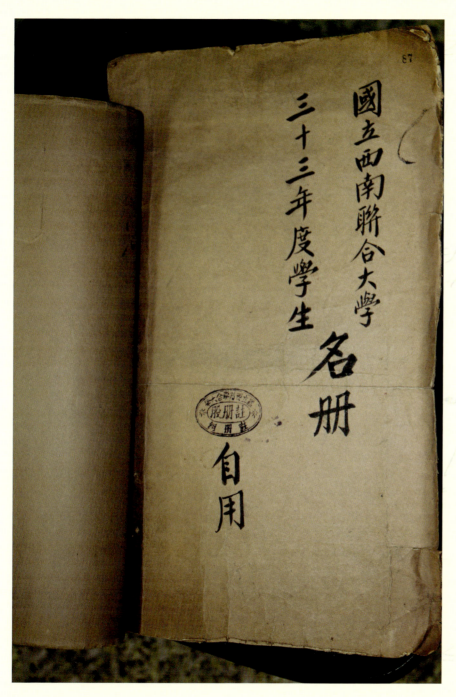

西南联合大学学生名册封面

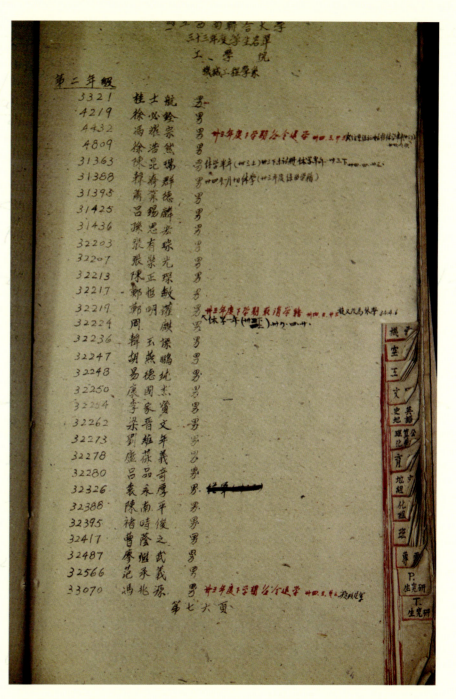

西南联合大学学生名册
（郑哲敏学号为32217）

西南联合大学机械系师生参观昆明钢厂(1946年)

1945年8月，日本帝国主义宣布无条件投降。中国人民的抗日战争取得了胜利。饱受战争煎熬的人民群众迫切希望建立一个统一、独立、民主、自由的新国家。郑哲敏也期待着战争结束后的和平，期待着早日和分离许久的家人团聚。

但是，以蒋介石为首的国民党统治集团，置人民利益于不顾，顽固坚持独裁、内战的反动方针，向国民党各部队发出内战密令，开始对解放区发动军事进攻。蒋介石的行为激起了全国人民的极大愤慨。西南联大的师生们举行反内战的讨论会，遭到了国民党的粗暴破坏。12月1日，国民党特务和暴徒数百人围攻西南联大、云南大学等校，毒打学生，并投掷手榴弹，炸死西南联大等校学生4人，60余名学生被打伤，造成了震惊中外的"一二·一"昆明惨案。郑哲敏参加了这次反内战的运动，国民党的暴行引起了他的极大愤慨。

昆明反内战游行

昆明"一二·一"运动

"一二·一"运动中我参加过活报剧演出,扮演被害学生的角色;拿起垒球棒准备对付特务分子对工学院的袭击。

——郑哲敏

1946年5月4日,国立西南联合大学举行结业典礼,7月31日宣布西南联大解散,北京大学、清华大学、南开大学迁回原址,郑哲敏所在的机械工程系随清华大学迁回北京。

郑哲敏在上海到塘沽的船的甲板上(1946年9月)

郑哲敏(1946年)

我哥和我跟随大队人马于5月中旬乘Dodge牌敞篷卡车撤离昆明,我们行经长沙、武汉、南京、上海,最后到达北京。沿途,同学们默默地思量着与朝思暮念的家人重逢。在撤离的慌乱中,李公朴被蒋介石特务分子枪杀,当我们到达贵阳时,又传来了闻一多教授被特务枪击身亡的噩耗。他们两位的牺牲,进一步激发了全国人民反独裁、反内战、要求民主的斗争精神。

——郑哲敏

郑哲敏在清华大学就读时的成绩单

清华大学校园一角(郑哲敏摄)

清华礼堂(郑哲敏摄)

1946年10月10日，迁回北京的清华大学开学，郑哲敏继续在机械系读四年级。抗日战争胜利后，许多学者和海外留学学子回到清华，使清华大学的教育和科研开启了新的局面。在大学学习的最后一年，郑哲敏遇到了他的力学启蒙老师钱伟长。钱伟长在美国加州理工学院从事博士后研究工作时，跟随国际力学大师冯·卡门研究火箭弹道、火箭的空气动力学设计、气象火箭、人造卫星轨道、气阻损失、降落伞运动、火箭飞行的稳定性、变扭率的扭转、超音速对称锥流等问题。钱伟长的课对郑哲敏产生了很大的影响。

钱伟长

通过钱先生的课第一次接触到弹性力学的系统理论和偏微分方程解法。在课堂上钱先生还向我们讲授传热学和V2火箭等方面的知识。在他的影响下，我决定选择应用力学作为自己科研方向。所以，第二学期，钱先生又成为我的毕业专题研究的指导老师，手把手地教我开展开口薄壁直筒受限扭转的专题研究。

——郑哲敏

1947年夏天,郑哲敏从清华大学毕业,为了能继续深造,他选择了留校,在机械系当助教。哥哥郑维敏也同时被聘为电机系助教。

郑哲敏在机械系当钱伟长先生的助教,辅导机械、航空、电机等系二年级学生学习钱伟长先生所开设的"工程力学"和"材料力学"课程,并跟随钱伟长作专题研究。

郑哲敏学士学位照(1947年)

清华大学工学院机械系毕业照(1947年)
(二排左四:钱伟长,三排右一:郑哲敏)

毕业班参观燕京大学(1947年)
(后排左二:郑哲敏)

班参观石景山钢厂(1947年)

毕业时,郑哲敏在清华门前留影

当钱先生助教的工作很单纯，不外乎是跟着同学一起听他的课，帮助修改作业和答疑，还有就是评阅考卷。在科研方面，钱先生计划要我做薄板大挠度渐近解方面的问题，给我看了一本关于渐近级数的书。我花了不少时间去学习和研究这个问题，但因为不久后要申请留美奖学金，所以没有花足够的时间来形成研究的专题。

自从跟随钱先生作专题研究以来，我时常有机会到钱先生家请教。一天大早，钱先生大概刚起床，我就到了他家，他未及洗漱便拿起笔来帮助我推导公式，这件事使我很感动。特别是那天回来后，发现我请教的那个问题其实是比较初等的，如果自己努力一点，是不应该麻烦钱先生的。担任助教后，我更是钱家的常客，与钱先生的夫人孔祥英也熟悉了。每逢节假日，他们时常约我到家里吃饭。他们的大孩子当时还很小，他们在屋内门框上悬挂一把小座椅让钱元凯坐在上面摇荡。也是在钱家，我认识了赵九章先生和吴晗先生。

在同学生的接触中，钱先生常介绍美国，特别是加州理工学院的一些情况，讲述哥庭根大学Felix Klein和L. Prandtl的故事，也涉及他对美国社会的看法。还记得在一次晚会上，他讲到在美国的体制下，最新的研究成果往往被垄断集团压下来不去开发，为的是要在原有技术的基础上把钱赚够。这类事使我们感到他对美国的资本主义体制采取一种批判的态度。

——郑哲敏

郑哲敏在清华大学任助教时留影(1947年)

1947—1948年，我的思想有了重要的发展，以至于影响到后来的人生道路。这也许是在当时形势下随年龄增长的结果。

　　首先，在人生目标上，我在思想上有些困惑：人人都是要死的，来到这个世界时什么也没有带来，离开时什么也不能带走，因此财富也好，名利也好，都是暂时的，那么人生的目标究竟是什么？人生的价值又在哪里？像往常一样，带着这个问题我苦苦思考，但不愿就这个问题向别人请教。

　　后来，有一天我从清华图书馆借来一本英国人Barkley所著的哲学书，想在那里找到答案。可是我越读越感到糊涂，因为书里把客观世界完全看成主观的东西，因而客观世界只存在于主观想象之中，甚至并不存在。这种论点同我的直觉相违背，同我所受的教育相违背，同我所学的科学知识相违背，因此我把它放弃了。我联想到了我的成长和受教育的过程，想到我的生命、我的知识以及所有一切都来自家庭和社会，如果人生有什么意义的话，其价值只能在于当他在世的时候能为社会做点贡献，留下一点有益的、正面的东西。Barkley的学说是彻底主观唯心主义的，是无益的，是应该放弃的。

　　我的这些经过长时间思考的结论，尽管十分粗糙，却把我从困惑中解脱出来，也在不知不觉中成为指导我一生活动的世界观。回头看来，就其主要方面而言，这里有积极的因素，但也有不足和消极的方面。这当然是后话了。

——郑哲敏

　　在一次与姐妹的聚会中，我谈起了Barkley的学说，这引起了二妹和企琼的不安。有一天她俩专门找我谈主观唯心主义的危害。我知道她们都是好意，好在这时我已经决心放弃Barkley了。

——郑哲敏

郑哲敏(二排左一)出国时亲友在上海十六铺码头送别(1948年8月18日)

1948年8月18日，全家人欢欢喜喜地送我到上海十六铺码头。妈妈怕我晕船，特意送我一包可口的盐腌鸭肫。不久船鸣笛启航，水手们收起了缆绳，在我们的相互祝福中，船徐徐地离开了码头，很快十六铺从我的视野里消失了。

——郑哲敏

郑哲敏在出国的船上留影

第二篇

力的积蓄

离开吕宋后不久就遭遇到一场大风暴，大雨中一个个小山头般的巨浪向我们的船扑来，浪花打上了船头，向前望去船头像升降机那样猛然上升又迅速落下，一会儿只见天空，一会儿又只见大海。站在我旁边的一位乘客被海上的风浪打落了眼镜，在甲板上朝船头方向滑去。轮船剧烈地摆动着，我们两人死死地抓紧扶手，都没有敢追上去捡它。

船继续在风暴中前进，不久海面平静了下来。我们的下一个目标是关岛。风暴后的大海很美。我们的船约一万多吨，不算大，有人说是战时由著名的自由轮改装的，作为客轮，条件比较简陋。我同另外7个同往美国留学的年轻人住在一个船舱里，双层铺。从舱中的圆形窗子望出去，即使在平常的海况下，海面和天空也是交替出现的。

航行第25天的凌晨，我们终于到达目的地旧金山。抵达时，我仍在梦中，醒来时天还是黑的，从窗子望出去看见金门大桥横在天空，被两排灯光照亮着。

——郑哲敏

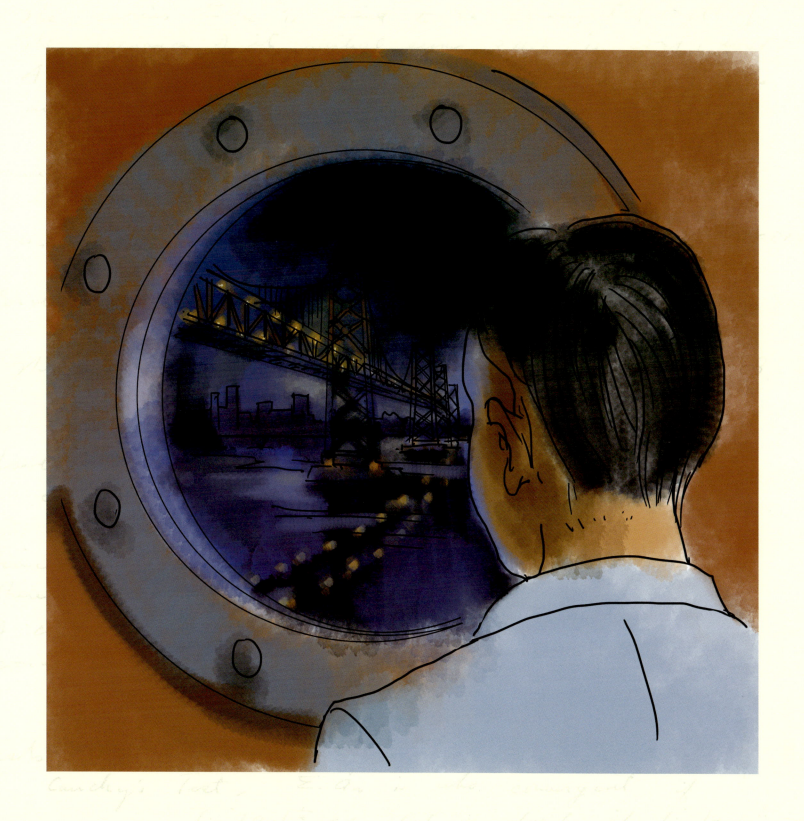

加州理工学院校园

  1948年,郑哲敏进入加州理工学院攻读硕士学位。加州理工学院(California Institute of Technology),简称"Caltech",创立于1891年,位于美国加利福尼亚州洛杉矶东北郊的帕萨迪纳(Pasadena),是世界顶尖的私立研究型大学。加州理工学院是个规模很小的学校,郑哲敏来到该校时,本科生和研究生分别不过500人,教职工200余人,是一所典型的精英学府。但它很出名,因为它不仅科研成果多,还培养了许多著名的科学家和工程师,有许多教授赫赫有名。该校十分重视选择大学生,特别喜欢那些有特长的、能独立思考的年轻人,在他们到校之后继续帮助他们发挥特长。截至2019年10月,该校共有74位校友、教授及研究人员获得诺贝尔奖,平均每一千名毕业生中就有一人获奖。

1926—1946年,加州理工学院航空系由冯·卡门[1]主持,使南加州成为世界航空工业的中心,他领导的这个系对推进南加州航空工业的发展起到了很大的作用,培养了一批包括钱学森[2]、郭永怀、林家翘在内的著名应用力学家和航空航天工程师。

20世纪40年代初,由冯·卡门建立的喷气推进实验室所开展的一系列研究,奠定了加州理工学院作为火箭科学的前沿中心之一的地位。这个实验室后来成为美国国家航空航天局(NASA)系统的喷气推进实验室(JPL)。

在加州理工学院,郑哲敏只用了一年的时间就获得了硕士学位,然后师从钱学森攻读博士学位。

冯·卡门[1]

钱学森在美国(20世纪40年代)[2]

---

[1] 西奥多·冯·卡门(Theodore von Kármán,1881年5月11日—1963年5月6日),原名Szol-loskislaki Kármán Tódor,匈牙利犹太人,1936年入美国籍,是20世纪伟大的航天工程学家,开创了数学和基础科学在航空航天和其他技术领域的应用,被誉为"航空航天时代的科学奇才"。他所在的加州理工学院实验室后来成为美国国家航空和航天喷气实验室,中国著名科学家钱学森、郭永怀、林家翘等都是他的学生。

[2] 钱学森(1911年12月11日—2009年10月31日),世界著名科学家,空气动力学家,中国载人航天奠基人,中国科学院及中国工程院院士,中国"两弹一星"功勋奖章获得者。1934年,毕业于国立交通大学机械与动力工程学院,曾任美国麻省理工学院和加州理工学院教授。曾先后担任中国科学院力学研究所所长、中国科学技术大学近代力学系主任、第七机械工业部副部长、国防科工委副主任、中国科学技术协会主席。

郑哲敏在加州理工学院(1949年)

我的课程主要安排在前两年，重要的有：第一年的工程数学（主要是复变函数，教授 M.S.Plesset）、振动理论（教授 D. Hudson）、经济学、实验和数据分析（包括统计数学、误差分析等，教授 McClintock）、水力学；第二年的弹性力学和板壳理论（教授均为 G.W. Housner）、高等分析数学（复变函数、特殊函数、运算数学、渐进方法，教授 Erdelyi）、经典热力学（教授 P. Epstein）、传热学（流体传热，辐射传热，教授 D. Rannie）、火箭引论（教授钱学森）。钱先生后来成为我的论文导师，帮助我确定了论文研究的对象。毕业后我还旁听了他教授的其他两门课：物理力学和工程控制论。振动理论和高等分析数学都是分量很重的课，需要花很多时间做习题，但收获也大。

学校里还有一类系列性报告。钱先生关于 PLK 方法的文章在发表前也是以系列报告的方式出现的。我有幸亲自聆听了这些报告。Erdelyi 教授始终在场并且提出了问题和建议，特别是他在黑板上用几何图形十分形象地说明奇异摄动法的作用。DePrima 教授做了一个非线性常微分方程的系列报告，系统地讲解了非线性常微分方程系统，奇点分类并且联系到生物间相互竞争的现象。R. S. Rivlin（后来在理性力学方面很出名）当时在加州理工学院做研究，他把他的大变形理论在系列报告中做了详细的说明。以上几个例子都凸显了人们对非线性理论的关切。钱先生所主持的喷气推进中心每周也都有自己的 seminar（研讨会）。有一次钱先生专门论述了理论与实验的关系，特别指出理论必须要有实验的验证，并需要依靠实验结果加以修正和完善。他还在各种场合多次提倡工程科学。我认为后来 Caltech 增设了以 DePrema、Plesset 和吴耀祖为首的工程科学系同钱先生的提倡很有关系。

——郑哲敏

郑哲敏在Marble家(1949年)

郑哲敏在加州Palomar参观美国最大的望远镜(1949年)

1949年新学期开始,在罗沛霖的发起下,加州理工学院的部分中国同学成立了留美科学工作者协会分会。罗沛霖担任会长并负责与芝加哥总会的联络。郑哲敏、冯元桢、李整武、庄逢甘、罗时钧等都参加了该组织。这个组织是拥护成立新中国的,其目的之一是动员留在美国的中国科学工作者学成回国或以自己的方式为即将成立的新中国做贡献,因此参加的人都对新中国有期待。

郑哲敏在旧金山(1950年)

写论文当然是学习做科研最主要的一个部分。我的论文题目是在上钱学森先生的课时，经他提示后确定的。它的背景是当时正在迅猛发展的高速飞行和喷气推进所引起的结构物受热的抗力问题。在20世纪40年代末，陶瓷材料有很多新的发展，除了在电学方面的应用外，人们也在考虑用于耐高温的涡轮叶片。但问题是陶瓷很脆，经过多次热循环后极易产生裂纹。因此我选择"高速加热在陶瓷中产生的热应力"作为研究的一个课题，并企图借助实验结果讨论不同陶瓷材料的抗热冲击性能。另外，钱先生要我探讨是否可以用普通加载的方式模拟高速加热在薄壁壳体中产生的热应力，因为在后一种条件下进行实验是很困难的。因此，我确定的目标是探讨这种模拟在理论上是否成立，以及要是理论上可能的话，如何加以实现。论文的第三部分是讨论热应力分析的一般问题和本构关系，但在这方面我的进展不大。为了验证我的第一部分结果，我找到了一些实验结果。由于这样的实验结果很少，所以我只做到了大体的验证。第二部分中我采用了重新定义中性面的方法使模拟成为可能，这个方法被钱先生认可。第一部分论文，被钱先生推荐到 *Journal of American Rocket Society* 发表；第二部分经钱先生修改补充后也在同一杂志上发表。回想起来，后一项工作留下了一个有意思的问题，那就是：由于中性面发生了变化，壳体变成"有缺陷"的了。因此在进一步的应力分析中，可以就这个因素做更深入的工作。20世纪五六十年代，薄壳的热应力问题仍然是力学所研究任务的一部分。

——郑哲敏

　　钱先生帮助我选定这个题目,并且明白地交待了研究这个问题的背景和目标,这使我少走许多弯路。他的指导主要是在大的方面,例如做工作和写文章时,首先要把问题搞清楚,把概念理清楚,把假设交待清楚。立题的概念不清楚是不能被接受的;假设也必须一清二楚,模糊不得,假设的数目越少越好。其次才是具体的方程和计算方法,方法有高低之分,重要的是必须得到可信的结果。结论必须根据结果得出,回答论文在研究目标中提出的问题,要掌握分寸,如有必要和可能,还要有实验的验证,不允许说缺乏根据的话。对所得结果的意义也有必要说明,譬如有什么应用价值。在研究过程中,他提醒我要留意计算结果出现转折的情况,因为这标志着问题的性质发生了质的变化,一定要设法找到背后的物理机制并注意这种机制是否可以加以利用,等等。

——郑哲敏

郑哲敏在波士顿（1950年）

    1950年暑假，考虑到如果论文工作进展顺利的话，有望于次年完成论文回国，所以我同冯元桢夫妇一同开车前往波士顿，并计划在来回的路上尽可能多地参观一些地方。第一站是约塞米蒂（Yosemite）国家公园。到达旧金山的第二天早上，从报纸上得知钱学森先生被捕，于是我便折回帕萨迪纳（Pasadena）。蒋英先生告诉我关于钱先生的事，但我帮不上什么忙。

——郑哲敏

郑哲敏在友人Marble家门前(1950年)

郑哲敏(左一)和冯元桢等友人的合影(1952年)

1950年初，郑哲敏通过博士生资格口试；1951年秋，通过博士论文答辩。经钱学森教授推荐，博士论文的第一部分工作，以《Resistance to Thermal Shock》为题在 Journal of American Rocket Society 当年11月号发表；博士论文的第二部分工作以《A Similarity Law for Stressing Rapidly Heated Thin-Walled Cylinders》为题在 Journal of American Rocket Society 于1952年5—6月号发表。

1951年，Grand Coulee 枢纽由 Roosevelt 湖向处于高位的 Banks 湖注水的12个直径3.7米的输水管（每管流量约40方/秒，扬程89+25米高）意外发生严重振动。厂家报告说，在输水管的周向出现12个波纹。Rannie 教授问郑哲敏能不能做个分析。郑哲敏计算分析后认为，是水泵引发充水的管子共振，但只能算出6个波纹。Rannie 教授询问得知，厂方把6个波纹误认为12个。1952年1月20日郑哲敏提交一份题为《Analysis of pipe vibrations with internal fluid flow》的报告，不仅正确地找到振动原因，并且给出了适合工程的解决方案。

这是郑哲敏完全独立研究的第一个科学和工程问题。时至今日，这项雄伟的工程还在美国华盛顿州正常运转。

在美国我看了许多各式各样的"闲书"，其中有马克思的《资本论》、斯大林的一些著作、一些国际友人所写有关解放区的书籍、一些文学名著以及一些侦探小说。我回国的时候把所有的书都送了人。读有些书是因为想多了解一下新中国，特别是想进一步搞清楚"人为什么要活着"。这个问题我在大学四年级和担任助教时做过严肃和认真的思考，得到的结论是人都是要死的，那时什么东西既不能继续享用也带不走，唯一有价值的是生前为人民多做些好事。看过这些书后，我的这种信念有所加强。

——郑哲敏

郑哲敏(右三)博士毕业(1952年)

> 1951年秋,我的论文通过了,在1952年学校的毕业典礼上,我被授予加州理工学院应用力学和数学博士学位。我主修应用力学,辅修数学。
>
> ——郑哲敏

郑哲敏在美国加州帕萨迪纳(1952年)

郑哲敏在美国(1952年)

1952年,美国移民局曾以"非法居留"为名将郑哲敏关押于特米诺岛(Terminal Island)的一所监狱,学友冯友桢出面保释后,郑哲敏的护照一直被扣押并禁止回国,幸好郑哲敏被加州理工学院暂留工作。

1954年7月,移民局通知郑哲敏限于9月底前离境,他才得以回国。

大约是在1952年上半年，我接到移民局通知，约我面谈。岂知刚迈进办公室，一个官员就宣布我为非法居留，接着就被迫按了指印，等候被送往特米诺岛的一所移民局监狱。此事完全出乎我的意料，因为1951年9月前，我已经向移民局申请延长签证，按照惯例移民局早就应该给我"同意"或"不同意"的答复了。为此我还两次专程到当地移民局去催办，答复都是要我等待。但有一次我曾被带到另一间办公室，在被要求宣誓不说假话之后，一位官员问了我一些政治上很敏感的问题，包括我拥护谁，是毛泽东，还是蒋介石；是中国共产党，还是国民党以及中国共产党是不是由苏联共产党控制的；等等。我当时既无准备也无经验，随即说我们中国1949年便解放了，中国人民已经做出了选择，就是说拥护毛泽东和中国共产党，当然这也就是我的选择；我不认为苏联共产党能够控制中国共产党等。当移民局宣布我非法居留时，我猜想或许同那次谈话有关，不过猜想只是猜想，并没有证据。

——郑哲敏

冯元桢的夫人喻娴士也来到了移民局并遭到同样的待遇。利用这个机会我托冯元桢为我代交1000美元的保释金。在他去办这件事时,喻娴士和我被押上囚车送往Terminal Island的一所监狱里,分别进了女牢和男牢。好在刚进到里面,狱卒就接到电话通知,说我已经交了保并可以马上释放,于是我便和喻娴士同时出狱了。这时冯元桢的车子也正好到了,把我们接了出来。

——郑哲敏

出狱后,我请了律师,提出申请自动离境,目的是避免被强行遣返回国,因为害怕被送往台湾。于是开始了移民局的一番听证会,记得D. Hudson和G. W. Housner曾出席为我作证。到了1952年7月初,我得到移民局正式通知,同意我自动离境。可是4天后,又通知我不得离境或企图离境,否则就要受罚款和监禁的处分,理由是那样做违反美国利益。这样,我便在美国继续待了下来。可是此后我的护照被扣押了,变成了一个没有合法身份的人。好在学校不计较这些,使我能够暂时留在学校教书,直至1954年9月。但是因为我不算正式职工,两年间,我只能拿助教那份工资。

——郑哲敏

1954年9月，郑哲敏终于能够回国。在圣贝约迪诺（San Bernadino）山上的一个美丽的花园里，加州理工学院的中国朋友们为郑哲敏办了个欢送野餐，钱学森先生的夫人蒋英和他们的两个孩子也参加了欢送活动。

73

临行前的一个晚上,钱先生在他家为我饯行。他向我交代了两件事:一是关于我回国后的工作。他说,虽然通过《大公报》等一些新闻渠道,我们知道了些新中国成立后国家的情况,但是毕竟没有第一手信息,对像我这样受过系统力学训练的人国家的需要究竟是什么,我们也知之甚少。因此,回国后国家需要我做什么就做什么,即使国家需要的是非常简单的事,例如,管道流的阻力计算,我也应当努力去做好。二是他说对于一个按计划发展的社会主义国家,运筹学特别需要,可以在国家建设中发挥积极的作用。因此他要我回国后把这个意见转告给钱伟长先生。

——郑哲敏

郑哲敏回国前在加州钱学森家和钱永刚合影(1954年钱学森摄)

27日一大早我来到码头准备登船，一位移民局官员已经等在那里了。当童诗白①送我上船时，那位官员也紧跟了上来。当时我没有弄懂，为什么为了我离开美国，移民局要搞那么大的行动。后来想清楚了，我毕竟是被限期离境的么。童诗白和我在甲板上拍了几张照，互相告别后，轮船就起航了。

——郑哲敏

① 童诗白（1920—2005），清华大学自动化系教授，中国电子学学科和课程建设的主要奠基人。1956年，他创建了清华大学电子学教研组，在国内率先开设了"电子技术基础""电子技术课程设计""电子电路故障诊断理论基础""现代电子学及实验""模拟电子技术基础"等课程，创建了我国第一个"自动化仪表与装置"专业博士点。中国近现代科学开拓者之一。

第三篇

力 的 爆 发

1952年,郑哲敏取得博士学位后,即着手准备回国参加祖国建设,但遭到美国政府的阻挠。1954年,日内瓦会议后,美国移民局取消了对一批留学生不得离境的限制,郑哲敏遂于1954年9月26日从纽约乘船离美,途经欧洲。由于办理途经地点的签证手续和等待船期,1955年1月19日,郑哲敏才得以离开法国经香港于2月21日从深圳入境,回到祖国。

从香港经过罗湖桥到达深圳。进入国门最耀眼的当然就是高高悬挂的五星红旗。我默默地想,终于回到了祖国,与此同时也略带一份忧虑,她现在究竟怎样?到达广州已是第二天了。我在旅馆附近的街上闲逛,注意到有的商店橱窗里,陈列着各式电机、电气设备和多种工具。在新中国成立前,这些东西大多是要从国外进口的。这说明我们的国家进步了,这样一件本来不大的事却解除了我的不少困惑。

——郑哲敏

深圳罗湖桥(20世纪50年代)

正如离美前有人告诉过我的那样,搭乘硬卧要比软卧好,可以与同车的人们有很多交流,在车上我同旁边的旅客们一起交谈。在得知我是从美国回来的留学生后,他们向我介绍了新中国成立后国内的情况和大好形势,他们说得很真诚、很自然,从而解除了我的一些疑虑。乘务员勤奋地打扫车厢,这也给人一种清新的感觉。

——郑哲敏

到达北京后,郑哲敏按照计划到高教部留学生办事处报到。在一张工作志愿表上,他填写了中国科学院数学研究所力学研究室,原因是他的老师钱伟长在主持那里的工作,而且早先回国的加州理工学院同学庄逢甘和罗时钧也都在那里。郑哲敏的志愿书上没有填写清华大学,因为他更希望做科研工作。

中国科学院数学研究所力学研究室是今力学研究所的前身。那时力学研究室的人数不多,只有林鸿荪、蔡树棠、胡海昌、何善堉等几个人,以及与郑哲敏同时报到的李敏华和程世祜。不久,力学研究室新分配来了几位年轻人,人多了起来。于是钱伟长提出分组,由李敏华任塑性组组长、林鸿荪任流体组组长、郑哲敏任弹性组组长。

郑哲敏(1955年)

林鸿荪

林鸿荪(1925年10月25日—1968年12月15日),力学家,化学流体力学专家。在创建中国科学院数学研究所力学研究室及后来的力学研究所的过程中做了大量工作,为创立新的力学学科——化学流体力学做出贡献。20世纪60年代在研究液氢液氧火箭发动机总体方案、燃烧、传热、低温技术和地面试车技术,以及在组织领导研制低空导弹技术等方面,取得重要进展。

李敏华和吴仲华

李敏华(1917年11月2日—2013年1月19日),中国科学院院士,固体力学专家,中国塑性力学的开拓者。1954年,她冲破美国的种种阻挠回国,先后在中国科学院数学研究所力学研究室及中国科学院力学研究所任研究员、固体力学研究室主任。

吴仲华(1917年7月27日—1992年9月19日),中国科学院院士,中国工程热物理学家。1954年回国,曾任清华大学动力机械系教授兼系副主任,中国科学院动力研究室主任、研究员,力学研究所副所长,中国科学院工程热物理研究所名誉所长、研究员等职。

北京文津街中国科学院院部(20世纪50年代)

4月初,我得到通知获准到中国科学院数学研究所报到,在文津街中国科学院的院部受到副院长的接见。我在科学院的工作便从此开始了。

在我们到来之前,力学研究室已经做了很好的工作。林鸿荪在流体力学和固体力学方面都做过研究。胡海昌在弹性力学方面的工作特别出色,有广义变分原理、薄壁杆件、扁壳、横观各向同性弹性力学理论等。

我本想着手继续整理和完成我在管道液固和流固耦合振动、热应力和海床与波浪耦合方面的工作。通过一次采访,我接触到了钢化玻璃的强度问题。当时长春汽车厂卡车的挡风玻璃使用钢化玻璃,其优点是一旦受到外力撞击,它会散成约一厘米大小的颗粒,不至于像普通玻璃那样变成锋利的刀片般的碎片,对人员造成严重伤害。我答应为他们做点试验。随之,我们借用清华大学土木系的材料试验机,用平板试件做弯曲实验。果然,在到达破坏点时,只听得咔嚓一响,试件完全崩碎了,变成蚕豆般大小的颗粒。通过计算,我们得到了钢化玻璃破坏的临界拉应力,但没有进行深入的研究。回国初期,我对自己要做什么并没有固定的想法,但对力学研究室侧重数学分析的做法,感到很不适应。有一段时间,觉得工作缺少目标,乃至一度缺乏信心。

——郑哲敏

1955年，经过周恩来总理在与美国外交谈判上的不断努力，甚至包括了不惜释放11名在朝鲜战争中俘获的美军飞行员作为交换，被美国当局扣押数年的钱学森终于回到了祖国。1955年10月，钱学森回国；1956年1月，中国科学院力学研究所正式成立，钱学森担任所长，着手建立以技术科学思想为指导的力学研究所。

中国科学院副院长吴有训等人在北京火车站迎接钱学森回国（1955年10月）

钱学森（20世纪50年代）

朱兆祥（1921年2月4日—2011年11月28日），中国科学技术大学教授，力学家、教育家和科技事业活动家。中国科学工作者协会和中华全国科学技术普及协会的早期组织者，协助钱学森创建了中国科学院力学研究所。在中国科学技术大学从事爆炸力学和冲击动力学的教学和研究数十年，后创办宁波大学，任首任校长。

朱兆祥

1955年暑期，一位身着干部服的人到力学研究室来访问我，自我介绍说叫朱兆祥，在科普协会工作。原来，他受中科院的委托准备去深圳欢迎钱学森先生一家回国，希望我为他提供钱家的一些情况。此前，钱伟长先生给我打过招呼，说钱学森先生即将回国，他还要我为他起草一份筹建力学研究所的报告。我对朱兆祥一一作答并给了他一份书面材料。那天我们谈得很投机，我的感觉很好，一个重要的原因是他平易近人，不要官腔，不盛气凌人，一副知识分子样子，有文化，有修养，能体谅和尊重他人。

10月初，钱学森先生全家抵京，我也到北京火车站迎接并送他们住进北京饭店。11月，钱先生同大家见面，并分别与林同骥、李敏华和我谈话。他说，力学所的研究工作要围绕国家建设的需要，他安排我继续担任弹性力学组组长并且提出弹性力学组要以建筑物抗地震为主要方向。之后不久，所里公布成立流体力学、塑性力学、弹性力学和自动控制四个研究组，由林同骥、李敏华、我和钱先生本人任组长，四个组的方向分别是叶栅流动、弹塑性本构关系、建筑物抗震和自动控制理论。

这是钱先生对力学研究方向的第一次调整。

——郑哲敏

毛泽东、朱德、周恩来等国家领导人接见参加编写《1956—1967年科学技术发展远景规划纲要》的科学家（1956年）

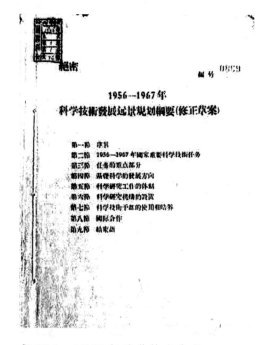

《1956—1967年科学技术发展远景规划纲要(修正草案)》

1956年1月，国务院开始编制《1956—1967年科学技术发展远景规划纲要》（以下简称《规划纲要》）。3月，在周恩来的领导下，成立了以陈毅为主任的国务院科学规划委员会，并邀请了全国600多位科学家参与规划纲要的制定工作。

《1956—1967年科学技术发展远景规划纲要》是新中国成立以来的第一个科技规划纲要。周恩来指定钱学森和钱伟长分别担任《规划纲要》综合组的正、副组长。《规划纲要》在内容上，从13个方面提出了57项重大科学技术任务、616个中心问题，从中进一步综合提出了12个重点任务，历时半年多讨论并制定，对新中国的科技发展有着极其重要的意义。为了协助力学学科规划小组开展力学规划的制定工作，钱学森所长把郑哲敏、朱兆祥和林鸿荪调去做秘书工作，其任务之一是到各个学科规划小组听取意见，把各方面对力学学科的要求汇总起来，向力学规划组汇报，然后根据他们的意见把重要的需求反映到力学学科规划中去；其次，在力学规划小组的指导下起草力学和分学科的规划，先在郑哲敏、朱兆祥和林鸿荪三人间讨论，形成初稿交送力学规划小组讨论定稿。

会议接近结束时，会议代表被邀请到中南海同国家领导人合影，我们也应邀跟着去了。那天天气晴朗，比较炎热。站好队后不久，以毛泽东为首的许多领导人来到现场，鼓掌同大家打招呼。毛主席红光满面，但表情严肃，站在他身边的周总理一边鼓掌一边说："主席向大家问好！"

——郑哲敏

1956年7月,要在甘肃白银的一个铜矿实施万吨级炸药的矿山大爆破,钱先生派我和胡海昌去参观学习。西北之行,虽然没有看到大爆破,但它让我印象深刻。大西北的地貌雄伟粗犷,那里的人民憨厚坚毅,黄土高原的辽阔和荒芜、干旱缺雨,人民生活之艰苦,给我深刻的教育。此行使我见到了什么是真正的贫困,使我感到作为一个中国人身上的责任。

——郑哲敏

郑哲敏赴布鲁塞尔参加第九届国际应用力学会议合影(1956年)
(一排左一:周培源,左二:冯·卡门;二排左三:钱伟长,右二:郑哲敏)

1956年8月,第七届国际应用力学大会在比利时布鲁塞尔召开,钱学森所长决定派代表去参加。由流体力学家、物理学家周培源担任中国代表团团长,团员有钱伟长、郑哲敏和朱兆祥。这是郑哲敏回国后第一次代表中国科学家参加国际会议并作了水弹性方面的报告。在这次会议上,郑哲敏又见到了加州理工学院的前辈冯·卡门教授。

毛泽东和钱学森

我们到Kármán的住处去访问他,并且在一家餐馆宴请了他。在加州理工学院我听过他的报告,也曾在钱学森先生的带领下到他家拜访过。Kármán出身欧洲贵族,喜爱社交,才华横溢,无拘无束,无所不谈,与G. I. Taylor在性格上有很大的差别。我离开北京时身上带了一张毛主席和钱学森先生坐在一起的照片,顺便送给了他。

——郑哲敏

力学研究所成立后不久,又增添了沈志荣、黄茂光、潘良儒等几位高级研究员,还来了谈庆明、涂复、董务民、陈良等一批新毕业的研究生和大学生。

1956年10月,与钱学森同为国际力学大师冯·卡门的嫡传弟子、空气动力学家郭永怀也回到祖国,担任力学研究所副所长。在钱学森、郭永怀、钱伟长三位的领导下,力学研究所的科研工作蓬勃开展了。

回国后的郭永怀一家

1956年10月初,郭永怀先生和夫人李佩先生及女儿郭芹乘火车到达北京,钱先生带着我到北京车站迎接,并把他们送进北京饭店暂住。不久郭先生一家就搬到了中关村13号楼,郭先生随即来到力学所上班。

——郑哲敏

郭永怀（1909年4月4日—1968年12月5日），著名力学家、应用数学家、空气动力学家、中国科学院学部委员、中国科学技术大学化学物理系首任系主任、近代力学事业的奠基人之一。1935年毕业于北京大学物理系，1945年获美国加州理工学院博士学位。

郭永怀长期从事航空工程研究，发现了上临界马赫数，发展了奇异摄动理论中的变形坐标法，即国际上公认的PLK方法，倡导了中国高速空气动力学、电磁流体力学和爆炸力学等新兴学科的研究。回国后，郭永怀担负国防科学研究的业务领导工作，为发展中国核弹与导弹等事业做出了重要贡献。

1968年12月5日，郭永怀因飞机失事不幸牺牲，12月25日，被追认为烈士。

郭永怀在美国

郭永怀和郑哲敏在力学研究所实验室交谈

1955年在清华大学教课时，郑哲敏认识了基础课教研室一位力学专业的年轻助教卢文达，其姐姐卢凤才1948年毕业于重庆大学化学系，毕业后考入广州岭南大学。新中国成立初期，该校被撤销后由华南军事管制委员会接手，卢凤才转到北京大学化学系继续读研究生。1953年，她毕业后被分配到长春吉林人民大学任教（现吉林大学）。郑哲敏去比利时布鲁塞尔参加第七届国际应用力学大会前，经卢文达介绍，认识了他的姐姐卢凤才。会议结束从瑞士回来后，郑哲敏专程到长春去看她。在随后两年的通信交往中，他们彼此之间的了解逐步加深。1958年，他们在北京结婚。此后，便有了他们可爱的儿子郑仰泽。

郑哲敏和卢凤才的结婚照

卢凤才,中国科学院化学研究所研究员,博士生导师,清华大学兼职教授。

1949年8月在岭南化学系读研究生,后分配到北京大学化学系研究生院继续学习,1953年毕业。

卢凤才在科学研究和培育人才方面成绩卓著,她和她的合作者曾获得中国科学院1978年重大成果奖两项,1982年科技成果奖二等奖,1986年科技进步奖二等奖,1989年自然科学二等奖,1990年优秀研究生导师奖。

卢凤才(1958年)

郑哲敏与儿子郑仰泽的合照(20世纪60年代)

1956年也是回国后开展工作的头一年。从我决定回国起,我就打算为发展我国的力学研究事业做出自己的贡献,但对于应该怎样去做并没有明确或固定的看法,甚至对究竟搞固体力学还是流体力学也没有拿定主意,在我看来这要根据国家的需要。这一年的经历使我接触到一些国家情况和国家建设需要的许多方面,这中间参加全国科学规划和西北之行对我影响最大,也最为深刻。这一年也听了多个有关国家经济建设、工农业发展的报告,使我懂得了一点国家的大事,那些远远超出了我原有的专业知识的范围。能够有这样的机会,首先是因为这是我的祖国,如果待在美国,我是不可能有机会参与这些国家大事的。回国后无论做什么事,我都是在为自己的国家和人民工作,工作有了意义,工作的机会和领域也广了。这种主人翁感觉成为我努力工作的动力。

——郑哲敏

建于1958年的力学研究所一号楼

1957年初，按照力学规划的要求，力学研究所和清华大学合办的工程力学研究班开班，学员主要来自工科院校，由各校选送青年教师、应届毕业生和高年级学生三部分组成，共120人，学制两年，由郭永怀任主任。钱学森指定郑哲敏去教"分析力学"和"振动"两门课。郑哲敏根据钱学森的思想和他在加州理工学院的教学经验，为这门课制订了一个计划：分析力学是包括连续介质力学在内的各分支学科的基础，所以一定要使学员真正掌握，其深度应当包括Lagrange和Hamilton原理；作为应用的一面，这门课应当相当完整地介绍有限自由度线性系统的微幅振动，并且说明通过Rayleigh-Ritz原理，一个无限自由度的梁可以近似地简化为有限自由度线性系统，与分析力学中的质点系完全相同；在数学方法方面使学员学会矢量的代数运算、广义坐标、正则坐标系、正则展开、变分原理、正则函数、富氏级数、拉普拉斯变换等；非线性振动主要取材自J. J. Stoker的"Nonlinear Vibration"，只涉及单自由度的系统，包括相平面、奇点以及奇点的分类、特例等。

1958年，力学研究所所长钱学森和党委书记杨刚毅提出力学研究所的方向是"上天、入地和下海"，"上天"指火箭和卫星，"入地"包括大爆破和火钻，"下海"包括船舰。在钱学森和郭永怀的提议下，中国科学院创办了中国科学技术大学。根据"全院办校，所系结合"的原则，近代力学系的四个专业设置分别与力学所的"上天、入地、下海"相对应，其中的工程爆破技术专业对口"入地"，其方向最初为爆破理论，后调整为爆炸力学，并创建了爆炸力学教研室，由郑哲敏兼任主任。专业课的授课教师由力学研究所二室的解伯民、谈庆明、王礼立、尹祥础等担任。

中国科学技术大学爆炸力学教研室创建后，朱兆祥也从力学研究所调来，为爆炸力学专业开设了十几门全新的课程。在后来的几十年里，爆炸力学专业培养了一批重要的人才，为国家的建设和国防科研做出了重大的贡献。

位于北京玉泉路上的中国科学技术大学校门（20世纪50年）

力学研究所提出新的发展方向后,对所里的科研部门进行了调整。郑哲敏经过考虑后,认为爆炸成型是一项新的研究课题,决定去设置爆破组所在的二室。所里同意了他的意见,于是郑哲敏改任二室副主任。郑哲敏把科研人员按专业和爆炸成型研究的需要分成三个小组:成型组,组长郑哲敏,副组长郭汉彦和邵炳璜;载荷组,组长谈庆明;材料组,组长郑哲敏,王礼立和赵士达先后担任过副组长。

郑哲敏所解决的第一个重大问题是爆炸成型的理论和应用。

20世纪50年代末,国际上开始出现爆炸成型工艺,用这种工艺可以使大型、复杂而精密的钣金零件成形。钱学森给郑哲敏下达研制任务,要求郑哲敏试用爆炸成型方法完成国防科研项目中某些部件的研制。郑哲敏仔细考察了平板在水中爆炸波作用下的变形过程,敏锐地察觉到平板在变形先后经历两次急剧的加速。第一次加速显然是由水中爆炸击波冲击毛料所引起的,但不明白为什么会有第二次加速。为寻找其中原因,他做了大量的演算和分析。起先猜测是由于水中有负压而产生,这正是由于毛料的高速变形对其附近的水产生抽吸而造成的空化现象,这里变形过程依然连续变化而没有出现第二次加速。然后,在空化区的后面存在着一个不断膨胀的水球,它会追上去,吞没空化区,从而再次打击因受变形阻力作用而减速的毛料,这次打击便造成了毛料的第二次加速。就这样,他阐明了爆炸成型的机理,在当时还没有看到国际上发表与此类工作相关的文章。与此同时,他又给出了爆炸成型的几何相似津和能量准则,他所提出的控制参数"少而精",既抓住实质,又便于使用。他的团队和相关部门的工程师协作,在上述机理和相似津的指导下,把实验室里小模型上得到的规津和优化参数顺利地推广应用到国防科研以及多种难以用常规工艺生产的钣金件的生产上。钱学森所长对郑哲敏完成的研制任务非常满意,高兴地称"从此诞生了一门新的力学分支学科——爆炸力学"。这是一门"工艺力学",而以前的力学只是为工程师做设计服务的,现在力学还可以为工程师提供新工艺服务。通过实践,郑哲敏把工艺问题纳入科学领域,找出并解决了其中的关键力学问题,为这项新工艺奠定了理论基础,体现出他善于解决复杂的实验问题的能力以及求实和严谨相结合的科研风格。

钱学森先生早在1956年就提倡应该研究用定向爆破法筑坝。许多同志也一定还记得20世纪60年代我们炸了第一个小杯子时,所里开了现场会,他对大家说:"别看这东西小,爆炸成型大有前途。"郭永怀先生也一贯支持爆炸研究的开展。1960年,郭先生亲自到现场指导南水爆破筑坝工作。20世纪60年代初,他又让我写了全国规划中第一个爆炸力学规划,由他亲自审定。在他们两位的谋划下,1958年在中国科学技术大学近代力学系设立了爆炸力学专业。因此说,是他们引导我走上爆炸力学研究的道路的。

——郑哲敏

钱学森观看爆炸成型试件(1960年)

郭永怀手持研制成功的爆炸成型试件

郑哲敏所解决的第二个重大问题是创立流体弹塑性模型并将其应用于研究地下核爆炸和穿甲、破甲、爆炸复合等高速冲击问题。1965年,在他和解伯民向上级部门提交的一份研究报告中,他们几乎和国外同时而又独立地提出了一种新的力学模型——流体弹塑性体模型,用这种模型可以满意地求解时间和空间上连续变化而流体和固体效应紧密耦合的爆炸问题。1969年春,他们又向上级部门提交了这项研究的总结性报告。这份报告标志着我国在这一研究领域已达到国际先进水平。

当时的物质条件极端困难,我们坚持科学研究,终于用较短的时间很好地完成了任务,形成了力学所爆炸力学发展历史上的第一个高潮。同时,我们形成了队伍,组织了梯队,有了一个很好的、很有战斗力的研究集体。

——郑哲敏

锅炉封头爆炸瞬间

郑哲敏(右三)在锅炉封头爆炸成型模具前

爆炸成型现场(1964年)
(二排右一:郑哲敏,二排右五:裴丽生[①])

---

① 裴丽生,时任中国科学院副院长。

爆炸成型获奖后中国科学院副院长裴丽生实地参观(1964年)

　　1966年五六月份,我有机会观察了空中核爆炸试验,负责接待的工程兵特意为我们安排了两次现场参观,一次在爆前,另一次在爆后。虽然在电影里看到过空中核爆炸,但身临其境后有许多不同的感觉,特别是爆炸成功时周围战士们发出的热烈欢呼声。火球和蘑菇云的演化五颜六色,千姿百态,令人震惊,也令人感叹。报纸上说,这是一次含有热核材料的试验,这说明我们正在朝成功研制热核武器的方向前进。和周围许多同志一样,我为我国国防的现代化感到骄傲和高兴。

——郑哲敏

1978年，郑哲敏接受中国科学院郁文秘书长的委托，组织领导了全国力学规划的制定工作。在规划会议之前，郑哲敏对近代力学史进行了全面的调查研究，并结合我国的历史经验，为规划的制定作了较充分的准备。意想不到的是，在这次规划会上，力学界众多学术老前辈空前团结，在总结历史经验的基础上，达成充分一致的共识，他们明确认识到：力学具有两重性，既是一门基础科学，又是一门工程科学。该规划不仅重视理性力学和物理力学等力学基础部分的发展，还从国家建设需要出发，提出了各分支学科的重点研究方向和课题。

20世纪70年代末，他意识到爆炸复合是一种重要的机械加工新工艺。它具有高速、高压和高温的特点，由此而形成波状复合界面、旋涡结构、绝热剪切和重结晶等复杂现象。国际上的研究集中在用流体力学理论来解释周期界面波的现象。郑哲敏在1977年就注意到这种理论忽略材料强度的作用是不相宜的，应该采用流体弹塑性模型，这样不仅能解释波状界面的形成，而且可以说明金相组织的变化。于是他组织研究力量开展了系统的研究。首先他们证明了界面的波长符合几何相似津，其控制参数是惯性与强度之比而不是雷诺数，因而国外学者用卡门涡列比拟界面波现象是不适宜的。他提出了一个以不可压缩流体流动为基础加以强度效应作修正的简化的成波理论，后来又采用了卡门-钱近似对材料的可压缩性作了处理，最终得到了计算界面波长的公式，这一公式能较好预报具有不同密度、强度和可压缩性的材料的界面波长。

这一研究不仅进一步丰富和发展了流体弹塑性体力学的内容，而且为爆炸复合工艺在我国的推广应用提供了理论指导和设计依据。1989年上述成果获得了中国科学院自然科学奖一等奖。

从20世纪60年代初到70年代末，郑哲敏和他的团队近20年含辛茹苦的研究工作，为我国的地下核试验、导弹等国防科研项目的研制成功及国家经济建设中做出了重要贡献。

郑哲敏（20世纪70年代）

中国科学院颁发给力学研究所的自然科学一等奖奖状（1989年）

他所解决的第三个重大问题是成功研究爆炸处理水下软基的新技术以及煤和瓦斯的突出机理。

1980年，郑哲敏了解到我国煤和瓦斯突出这类事故相当频繁，严重威胁煤矿工人的生命安全和我国煤炭生产，决心致力研究突出机理以便推进突出预报的工作。国际上研究突出机理至少已进行了半个世纪，但是进展不大，一般把突出归为三个原因，即瓦斯能量、地压和煤层结构，至今没有形成统一且合理的理论。1982年，郑哲敏在中国力学学会第二届理事会上发表了《从数量级和量纲分析看煤和瓦斯突出的机理》一文，认为突出的主要能量来源是煤层中的瓦斯，而地压只是触发煤层破坏的条件。他指导的团队在1987—1989年连续发表文章从室内模拟实验和理论分析两方面不断深化和完善上述想法。实验证明了在一定条件下存在着恒稳推进的自持突出过程。在分析方面建立了简化模型，这一模型能较全面地解释突出现象，从中还引出了一个把瓦斯压力、地压和煤的强度综合在一起的突出判据。

1985—1988年，郑哲敏指导和组织的爆破研究组成功研究一种爆炸处理水下海淤软基的新技术。1987年，他在研究报告《相似津、药量公式、优化及其它》中对爆炸排淤的模型津进行了探讨，为这项新技术的工程应用提供了理论依据。这项新技术在1987年通过了中国科学院与交通部的联合鉴定，现已成功应用于我国的港湾和码头建设，并于1987年获中国科学院科技进步奖一等奖，1990年获国家科技进步奖二等奖。

1979年，中国力学学会在黄山召开了第一届全国爆炸力学学术会议。这次会议的重要特色之一是架起了我国科学院、高等院校、军队院校、民用、国防、军队科研部门之间的桥梁，大家共同就我国在爆炸力学各方面的进展、前景和存在问题进行了深入的学术交流。这是一次很好体现改革开放精神的会议，对促进我国爆炸力学的全面发展起到了十分重要的作用。

第一届全国爆炸力学学术会议期间，郑哲敏（右三）和与会者登黄山留影

郑哲敏和力学研究所的同事们(20世纪80年代)
(右一:谈庆明,右二:郑哲敏)

郑哲敏在力学会议上作报告(1980年)

郑哲敏和钱学森在一起（20世纪80年代）

  1984年2月，郑哲敏接任他的导师钱学森的职位，出任力学研究所所长一职。郑哲敏始终坚定高举着发展科学技术以推动国家建设的旗帜。他在1984年3月的所长报告中，明确力学研究所的研究"应以应用基础研究为主""为国民经济和国防建设做出高水平的重要贡献""形成并保持一批学科带头人"。1985年1月，他在所长报告中，又进一步明确力学研究所的办所方针是"应着重解决国家建设中综合性、较长期的重大问题""应当坚持学科建设"，这就是大家简称的"研究所的矩阵结构"。

郑哲敏在办公室(20世纪80年代初)

郑哲敏像(20世纪80年代)

郑哲敏与夫人卢凤才在北京饭店前留影(1980年)

郑哲敏与夫人卢凤才在家中合影(1983年)

郑仰泽出国前全家人合影(1980年)

郑哲敏讨论石景山电厂爆破拆除工程(1984年)

郑哲敏视察石景山电厂爆破现场(1984年)

郑哲敏在石景山爆破现场(1984年)

郑哲敏在华侨饭店爆破工程现场(1987年)

在华侨饭店爆破拆除工程前,郑哲敏与其培养的中国科学技术大学的毕业生、工程师们合影

郑哲敏回访连云港大堤工地(20世纪90年代初)

郑哲敏在连云港施工现场(1987年)

珠海爆破工地
(左一:郑哲敏,右一:谈庆明)

20世纪70年代末起,郑哲敏有了更多的与国外同行交流的机会,他数十次参加多种类型的国际学术访问和交流,特别是作为大会主席多次组织重要国际学术会议,1986年的 Proceedings of the International Symposium on Intense Dynamic Loading and Its Effects,就是由他发起、组织和主持的大规模的爆炸力学的国际会议,当时邀请到了国际上最顶尖的学者到会。除此之外,还有首届国际强动载荷及其效应学术会议、北京国际爆破技术学术会议、第二届国际强动载荷及其效应学术会议、ICSU/WMO国际热带气旋灾害研讨会、第二届国际工程爆破技术学术会议、第二届国际冲击工程学术会议等。

1993年的 Proceedings of IUAM Symposium on Impact Dynamics 是郑哲敏代表中国参加了国际理论和应用力学联合会并成为其领导核心以后,争取到的在中国召开的一次由顶级专家参与的高层学术会议,由郑哲敏主持。

郑哲敏与北美、西欧、日本、澳大利亚等国家以及中国香港、中国台湾等地区的一大批有成就的力学家有广泛而真诚的学术联系,特别是与冯元桢、吴耀祖、林同骅、何志明、朱家鲲、谢定裕等一批杰出的海外华裔力学家有着深厚的友谊和密切的学术联系。

郑哲敏出访美国时全团合影(1979年)

郑哲敏考察德国实验室(1984年)

郑哲敏出访挪威(1984年)

郑哲敏在国际实验力学会议上作报告(1985年)

郑哲敏出访美国(1988年)

郑哲敏出访美国(1988年)

郑哲敏与中国科学院院长卢嘉锡接待能源专家梁佩路(1980年)

在首届国际非线性力学会上郑哲敏与苏联谢道夫院士合影(1985年)

郑哲敏在力学所接待外国专家(1988年)

郑哲敏夫妇和钱学森夫妇、李佩先生等在钱学森办公室接待Marble教授夫妇(1991年)

郑哲敏陪同钱学森夫妇宴请Marble教授夫妇(1991年)

在第一届国际工程爆破大会上郑哲敏任大会联合主席(1991年)

郑哲敏在苏联新西伯利亚开会时的合影(1991年)

第四篇

力 的 恒 动

1960年，郑哲敏担任中国科学院力学研究所第二研究室副主任，由于他和他的团队在爆炸成型方面取得的重要进展，钱学森提出了工艺力学和爆炸力学的概念。爆炸力学正式成为第二研究室的主要研究方向。经过30余年的努力，郑哲敏领导第二研究室在流体弹塑性模型等爆炸力学基础理论以及核爆效应、穿破甲机理、防护工程、爆炸加工、爆炸安全、爆炸处理水下软基、瓦斯突出机理等爆炸力学主要应用领域取得了一系列有重要影响的成果。

1978年，郑哲敏被任命为中国科学院力学研究所副所长，在注后20年的时间内，力学研究所在材料力学性能研究方面取得了12项国家和中国科学院的科技成果奖。

1989年12月，65岁的郑哲敏离任中国科学院力学研究所所长。但是，他没有停止工作，他为力学学科的发展做出了更重要的贡献。

1992年，郑哲敏会同力学学科的院士和专家，阐明力学具有基础科学和技术科学的两重性，以及力学在推动国民经济发展和国防科技中不可替代的重要作用。

1993年，郑哲敏任国家科技委员会成立的"力学科学小组"组长，组织编写的力学发展规划编入了《21世纪初科学发展趋势》的总体规划中。

1997年，郑哲敏担任国家自然科学基金委员会力学学科发展战略研究组组长，完成了自然科学学科发展战略调研报告之一——《力学》。

1999年7月，郑哲敏作为力学学科规划顾问组组长，组织顾问组对《全国基础研究"十五"计划和2015年远景规划》中的力学学科发展规划进行了总体指导。

20世纪90年代，郑哲敏先后担任中国科学院技术科学部副主任、主任，并为中国科学院学部主席团成员。

2000年，郑哲敏、吴承康等领导创建了力学研究所工程科学研究部，倡导钱学森工程科学思想，主攻海洋、环境、能源中的关键力学问题，以引领行业的发展。现在，工程科学研究部已经发展成中国科学院流固耦合系统力学重点实验室和中国科学院力学研究所等离子体与燃烧中心。郑哲敏现在担任中国科学院流固耦合系统力学重点实验室学术委员会名誉主任。

2003—2004年，郑哲敏担任国家中长期发展规划"国家战略高技术与高新技术产业化研究"专题咨询组组长、"国防科技问题研究"专题咨询组副组长，并参与了第14专题"基础科学问题研究"的有关工作，承担国家中长期科技规划若干专题的咨询工作。

2004年，郑哲敏受国家发展改革委员会和中国科学院院士工作局的委托，承担了"世界高技术产业的发展趋势和我国的战略对策"咨询项目。

2004—2008年，郑哲敏成为国际理论与应用力学联盟(IUTAM)八位执委之一。

郑哲敏(20世纪90年代)

1993年，中国科学院院士、中国工程院院士郑哲敏因其在爆炸力学领域研究的杰出贡献，当选为美国国家工程院院士。

美国国家工程院给郑哲敏颁发院士证书（1993年）

美国国家工程院新院士大会合影(1993年)
(一排右三:郑哲敏)

当我突然得知这个消息时，不禁回忆起许多往事，想到了在自己成长道路上，特别是在那漫长的战乱时代里，老师们对我的精心培育，同学们的帮助和父母对自己寄托的希望。我特别回忆起领我走上力学专业道路的启蒙老师钱学森先生和钱伟长先生，没有他们的谆谆教导和严格要求，我在专业上也是不可能有什么成就的。总之，我要感谢曾经给我教育、教我专业知识和做人道理的所有老师们、同学们和学校，包括那些由于多种原因未能回国但密切关心祖国发展的同学们和朋友们。

回忆把我带到刚回国的年代里，使我回想起回到祖国时那种主人翁特有的心情。钱学森先生多次指出，社会主义制度下科研工作应该遵循的三条原则：科研要为祖国做贡献；要提倡合作和集体主义精神；科研要有目标，定计划。这些思想留给我很深的印象，使我在工作中努力贯彻。

——郑哲敏

郑哲敏在美国国家工程院前留影

郑哲敏在爱因斯坦塑像前留影

郑哲敏出席美国工程院新院士大会（1993年）

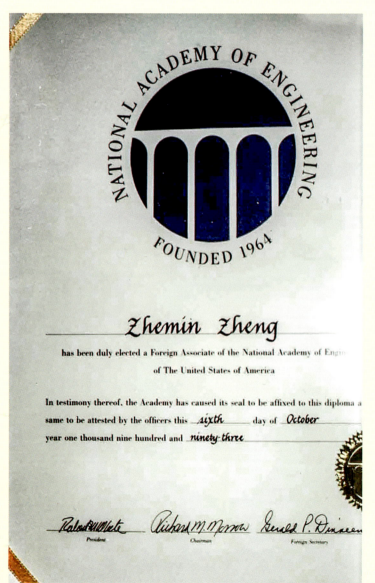

郑哲敏的美国国家工程院院士证书

郑哲敏获陈嘉庚奖时的合影(1994年)
(左一:严东生,左二:周光召,左三:卢凤才,左四:郑哲敏)

周光召祝贺郑哲敏获陈嘉庚奖(1994年)

郑哲敏夫妇出席陈嘉庚奖颁奖典礼(1994年)

陈嘉庚基金会授予郑哲敏的奖状

1994年，中国科学院力学研究所为庆祝郑哲敏70岁寿辰，特意为其举办了专题学术报告会。

郑哲敏在力学研究所祝贺其70岁寿辰学术报告会上作报告(1994年)

第二届国际工程爆破技术学术会议合影(1995年)

1955年,钱学森先生离美回国时,他的大部分手稿都没能带回来。Marble教授在钱学森离开后,细心收集了钱学森在实验室等处的手稿。时隔40年后,Marble教授夫妇专程来到中国,将妥善保存的钱学森手稿移交给力学研究所。

Marble夫妇送钱学森手稿到力学研究所(1996年)
(左起:Oralee Marble、郑哲敏、Frank Marble)

郑哲敏等人翻阅Marble送来的钱学森手稿

力学研究所宴请送手稿来中国的Marble夫妇
（左起：王柏懿、白以龙、李佩、郑哲敏、Oralee Marble、Frank Marble、吴承康、薛明伦）

力学研究所举办钱学森手稿展

郑哲敏参加Albuquerque爆炸会议合影(2000年)

郑哲敏从20世纪50年代就开始指导研究生。1978年，自恢复研究生制度以来，郑哲敏已经培养了18名博士、21名硕士；此外，他还指导了5名博士后。郑哲敏在指导研究生的过程中注重因材施教、发挥学生特点和专长。他以对学生严格要求著称，但又与学生平等讨论。对于研究生的论文撰写，他强调严谨分析，强调实验观察是根本性的，强调将实验—分析—计算相结合。郑哲敏带出的研究生和博士后多数已成为各自单位的学术带头人和骨干人才，包括1名院士和近10名研究员（教授）。80岁后，郑哲敏还指导着4名博士生。

郑哲敏在力学研究所讲课（20世纪80年代）

第一届力学研究班同学毕业30年聚会合影（1994年）

郑哲敏在宁波大学作报告（2003年）

郑哲敏给宁波大学学生签名留念

郑哲敏夫妇和宁波大学首任校长朱兆祥及夫人

2004年，力学研究所举行"祝贺郑哲敏八十华诞应用力学学术报告会"，30多名中科院院士和工程院院士到会。与会者纷纷赞誉郑哲敏在从事科研50多年里，作为科学界少有的在固体力学和流体力学两方面都很有成就的科学家，在力学和技术科学诸多领域取得的创造性成果。

力学研究所庆贺郑哲敏80岁寿辰时合影（2004年）
（左起：李和娣①，何林②，卢凤才，郑哲敏，洪友士③，樊菁④）

① 李和娣：时任中国科学院力学研究所副所长。
② 何林：时任中国科学院文献情报中心党委书记兼副主任。
③ 洪友士：时任中国科学院力学研究所副所长。
④ 樊菁：时任中国科学院力学研究所所长。

我现在不知道如何表达自己的心情。50年前的今天，我正在从美国返回祖国的船上。现在证明，当时我做出了一个正确的抉择。国家给了我很多荣誉，我很幸运，我的一生是幸福的一生。

——郑哲敏

50多年的科研之路,硕果累累的力学人生,一直陪伴着郑哲敏的是钱学森、钱伟长、郭永怀等恩师和前辈们的对科学发展的责任感和无私的奉献精神。

郑哲敏等看望钱学森

> 钱学森工程科学的思想集中体现在提倡以宏微观相结合的学科发展方向,创立了物理力学,以及发展运筹学的思想;重视自然科学,走以数学和物理为基础的道路;强烈的爱国主义思想,奉献与自我牺牲的精神。
>
> ——郑哲敏

钱先生对自己的学生要求很高,他跟我说,做一件事情前,必须想想别人是否也在做;如果别人做,就必须比别人做得更好,要超过别人。与此同时,钱学森还十分注意扩大学生的眼界,他告诫学生,不要只盯着自己眼下的东西,提醒他们要看自己做的事情在整个领域占多少分量,是否是关键。

钱先生说,无论做什么都一定要对国家建设有贡献,用他的话说就是"不能做不出汗的事情"。

——郑哲敏

郑哲敏、朱兆祥看望钱学森

钱学森和郑哲敏

钱学森(20世纪90年代郑哲敏摄)

蒋英(20世纪90年代郑哲敏摄)

郑哲敏和师母蒋英(20世纪90年代)

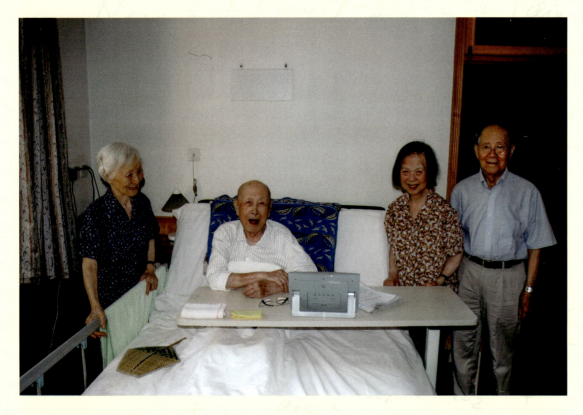

李佩先生和郑哲敏夫妇看望钱学森先生

中国力学大会暨钱学森诞辰100周年纪念大会
（2011年）
（左起：樊青、郑哲敏、李和娣）

现在看得很清楚，郭先生回国有更大的理想和决心，他要把自己全部的身心献身于祖国，他不论什么事，只要祖国需要，便全心全意地去做好；他把自己当作铺路石子，以培养下一代，作为自己的使命，国家的前途就是他自己的前途，别无他求。

——郑哲敏

郑哲敏在郭永怀塑像揭幕仪式上发表讲话（1988年）

郑哲敏和张爱萍将军参加郭永怀牺牲20周年纪念活动（1988年）

时任中国科学技术协会党委书记陈希接见李佩先生、郑哲敏院士
(右一:苏骏①,右三:陈吉宁②,左二:孙学玉,左三:陈希)

---

① 苏骏:清华大学教授。
② 陈吉宁:时任清华大学校长。

钱学森科学和教育思想研究会成员给郭永怀、李佩两位先生的塑像献花

在翻译编辑《钱学森文集》工作的基础上，2011年，李佩先生和郑哲敏创办了"钱学森科学和教育思想研究会"，为弘扬钱学森的科学思想做了大量的的工作。2016年，郑哲敏在病中主持编辑了《佩瑜怀瑾 纨质蕙心——李佩先生画册》。

郑哲敏和李佩先生

我们的研究会是在李佩先生开创的中国科学院翻译工作者协会力学研究所分会的基础上成立的。2008年，李佩先生带领我们翻译《钱学森文集》的科学家们历经近4年的时间，无数次地讨论、分析，查阅原稿，六审六校，工作认真到几乎严苛的地步。2011年，纪念钱学森先生诞辰100周年之际，此书与读者见面了。此时我们在院士工作局的支持下，成立了"钱学森科学和教育思想研究会"，每周三举行一次研讨会，每次会后都有收获。

——郑哲敏

2010年1月30日,中国科学院国家天文台发布通告:经国际天文联合会小天体命名委员会批准,国际编号第12935号的小行星被命名为"郑哲敏星"。

2010 JAN. 30   M.P.C. 68446

The MINOR PLANET CIRCULARS/MINOR PLANETS AND COMETS are published, on behalf of Commission 20 of the International Astronomical Union, usually in batches on or near the date of each full moon, by:

Minor Planet Center, Smithsonian Astrophysical Observatory, Cambridge, MA 02138, U.S.A.
IAUSUBS@CFA.HARVARD.EDU or FAX 617-495-7231 (subscriptions)
MPC@CFA.HARVARD.EDU (science)
Phone 617-495-7244/7444/7440/7273 (for emergency use only).
World-Wide Web address http://cfa-www.harvard.edu/iau/mpc.html ISSN 0736-6884
Brian G. Marsden, Director   Gareth V. Williams, Associate Director
Timothy B. Spahr, NEO Technical Specialist
Syuichi Nakano, Andreas Doppler and Kyle E. Smalley, Associates
Supported in part by the Brinson Foundation

© Copyright 2001 Minor Planet Center   Prepared using the Tamkin Foundation Computer Network

NEW NAME OF MINOR PLANET:

(12935) Zhengzhemin = 1999 TV17

Discovered 1999 Oct. 2 by the Beijing Schmidt CCD Asteroid Program at Xinglong.

Zhengzhemin (b. 1924), an academician of the Chinese Academy of Sciences and Engineering and a foreign academician of the U.S. National Academy of Engineering, is one of the founders of the field of explosion mechanics. A leader of the field of mechanics in China, he has proposed and created new branches of mechanics.

(12935) 郑哲敏 = 1999 TV17

国家天文台施密特CCD小行星项目组1999年10月2日发现于兴隆观测站。
郑哲敏生于1924年10月2日,中国科学院和工程院院士,美国工程院外籍院士,爆炸力学的奠基人。他倡导、组织和参与了众多新的力学分支学科或领域的建立和规划,是中国力学学科建设与发展的组织者和领导者。

(《小行星通报》第号68446号;2010年1月30日)

中国科学院国家天文台发布的小行星通报

小行星命名证书

中国科学院国家天文台施密特CCD小行星项目组于1999年10月2日发现的小行星1999TV17,获得国际永久编号第12935号,经国际天文学联合会小天体命名委员会批准,由国际天文学联合会《小行星通报》第68446号通知国际社会,正式命名为:

郑哲敏星

空间轨道根数(J2000.0黄道及春分点)

吻切历元时刻:	2010年1月4日零时	(历书时)
轨道半长径:	2.3140236	天文单位
轨道偏心率:	0.0992612	
近日点距角:	230.63009	度
升交点黄经:	38.37069	度
轨道倾角:	5.82286	度
平近点角:	82.48459	度
绕日运行周期:	3.52	年
绝对星等:	14.9	等

(《小行星通报》第68446号,2010年1月30日)

中国科学院国家天文台
二○一○年一月三十日

"郑哲敏星"小行星命名证书

2013年1月,我国爆炸力学的奠基人和开拓者郑哲敏获2012年度国家最高科学技术奖。在两院院士郑哲敏获国家最高科学技术奖庆祝会暨力学学科发展研讨会上,国家自然科学基金委员会主任杨卫说:"郑先生除了在自己的专业领域有精深的造诣,更是一位战略科学家。郑哲敏精通流体、固体,了解技术科学大部分学科的基本原理,知识面非常宽广,是我国少有的战略科学家。他为我国'两弹一星',爆炸力学包括流体弹塑性理论、环境力学、灾害力学、物理力学等方面做出了巨大贡献。"

"郑先生从不满足,也从不愿意重复。"杨卫说:"他的批判思维非常出色,无论哪一位作完报告,他都经常能提出问题,而且这个问题往往是我们以前没有想到的或是其中比较薄弱的环节。他用他的方式激励我们年轻学者不断攀登新的高峰。"

国家最高科学技术奖励大会会场(2013年9月18日)

获得最高科学技术奖的郑哲敏院士

> 获得国家最高科技奖不仅是我个人的荣誉,也是整个科研团队的荣誉,成绩是属于大家的。我为有这样一支团结战斗、勇于奉献的科研队伍而自豪。
>
> 我就是一位普普通通的人,实实在在地好好干活。
>
> ——郑哲敏

主 要 论 著

序号	论著名称	作者	发表年份
1	迅速加热时薄壁圆柱壳应力的相似律	郑哲敏,钱学森	1952年
2	爆炸成型模型律	郑哲敏	1962年
3	水击波入射于平板时空化的形成	郑哲敏	1962年
4	关于地下爆炸计算模型的一个建议	郑哲敏	1965年
5	破甲机理的力学分析及简化模型	郑哲敏	1977年
6	破甲弹射流稳定性的研究	郑哲敏	1980年
7	从数量级和量纲分析看煤与瓦斯突出的机理	郑哲敏	1982年
8	力学研究所关于改革的一些设想	郑哲敏	1984年
9	On evolution of thermo-plastic shear band	Bai Yilon, Cheng Chemin, Yu Shanbing	1984年
10	玻璃钢对聚能射流干扰机理的研究	郑哲敏等	1986年
11	Mechanics of explosive welding	Cheng Chemin	1986年

奖 项 荣 誉

序号	获奖情况	获奖年份
1	全国工业新产品一等奖	1964年
2	全国科学大会奖	1975年
3	全国自然科学二等奖	1982年
4	中国科学院科技进步一等奖	1988年
5	中国科学院自然科学一等奖	1989年
6	国家科技进步二等奖	1990年
7	中国科学院自然科学一等奖	1992年
8	国家自然科学二等奖	1993年
9	陈嘉庚科学奖	1993年
10	何梁何利科学与技术进步奖	1996年
11	2012年度国家最高科学技术奖	2013年

郑哲敏(2009年李和娣摄)

郑哲敏(2011年)

郑哲敏(2012年郁百杨摄)

后 记

郑哲敏先生是物理学家、力学家，中国力学学科建设与发展的组织者和领导者之一，中国爆炸力学的奠基人和开拓者之一，国际著名爆炸力学专家，在中国力学学科、爆炸力学专业的建设和发展过程中建树颇丰。

先生一生注重教育。20世纪50年代末，中国科学技术大学创办伊始，在钱学森先生的领导下，郑哲敏先生在力学和力学工程系创建了爆炸力学教研室，并担任教研室首任主任。数十年来，为国家培养了一大批爆炸力学专家，他们中的许多人在我国的国防建设和经济建设中做出了重要贡献，这都得益于先生的悉心指导。2010年，李佩先生和郑哲敏先生成立了"钱学森科学与教育思想研究会"，先生时年已86岁高龄，但依然关注教育和人才培养的问题。在研究会讨论"钱学森之问"时提出了很多对教育的想法。2011年，中国科学技术大学举办"追忆先贤——钱学森百年诞辰纪念活动"时，先生专程来校为中国科大师生作专题报告，使青年学子受益匪浅。

2016年，中国科学技术大学出版社在出版《佩瑜怀瑾 纨质蕙心——李佩先生的世纪生涯》的同时，就已计划出版一本关于先生的画传。由于先生从事的工作涉及国家的重要国防建设项目，因此在编辑上有较大难度。谈庆明研究员在中国科学院力学研究所创建初期即与郑哲敏先生共事，深得先生的信任，故由谈庆明先生主持编写本书，既能确保本书内容的真实性，又能体现先生不矜不伐、谦恭虚己的科研人生。

郑哲敏先生的早年及在20世纪五六十年代的照片不多，我们特别邀请电子科技大学图形艺术系秦晴老师手绘插画弥补了这一缺憾。

中国科学院科学传播局周德进局长特地本书撰写了序。中国科学院力学研究所、钱学森科学与教育思想研究会皆在本书的编辑过程中给予了大力的支持，再次一并致以感谢。